心一堂術

數古籍珍

本叢刊

書名：《山洋指迷》足本兩種 附《尋龍歌》(上)
系列：心一堂術數古籍珍本叢刊 堪輿類 第二輯 185
作者：【明】周景一
主編、責任編輯：陳劍聰
心一堂術數古籍珍本叢刊編校小組：陳劍聰 素聞 梁松盛 鄒偉才 虛白盧主

出版：心一堂有限公司
地址／門市：香港九龍旺角西洋菜南街五號好望角大廈一〇〇三室
電話號碼：+852-6715-0840 +852-6633-7949
網址：sunyata.cc
電郵：sunyatabook@gmail.com
publish.sunyata.cc
網上書店：http://book.sunyata.cc
網上論壇：http://bbs.sunyata.cc/

版次：二零一七年四月初版
平裝：兩冊不分售

國際書號：ISBN 978-988-8317-53-0

定價：港幣 五百八十元正
新台幣 二千二百八十元正

版權所有 翻印必究

香港及海外發行：香港聯合書刊物流有限公司
地址：香港新界大埔汀麗路三十六號中華商務印刷大廈三樓
電話號碼：+852-2150-2100
傳真號碼：+852-2407-3062
電郵：info@suplogistics.com.hk

台灣發行：秀威資訊科技股份有限公司
地址：台灣台北市內湖區瑞光路七十六巷六十五號一樓
電話號碼：+886-2-2796-3638
傳真號碼：+886-2-2796-1377
網絡書店：www.bodbooks.com.tw
台灣讀者服務中心：國家書店
地址：台灣台北市中山區松江路二〇九號一樓
電話號碼：+886-2-2518-0207
傳真號碼：+886-2-2518-0778
網絡書店：http://www.govbooks.com.tw/

中國大陸發行•零售：心一堂書店
深圳地址：中國深圳羅湖立新路六號東門博雅負一層零零八號
電話號碼：+86-0755-8222-4934
北京地址：中國北京東城區雍和宮大街四十號
心一店淘寶網：http://sunyatacc.taobao.com

心一堂術數古籍 珍本 叢刊 整理 總序

術數定義

術數，大概可謂以「推算（推演）、預測人（個人、群體、國家等）、事、物、自然現象、時間、空間方位等規律及氣數，並或通過種種『方術』，從而達致趨吉避凶或某種特定目的」之知識體系和方法。

術數類別

我國術數的內容類別，歷代不盡相同，例如《漢書·藝文志》中載，漢代術數有六類：天文、曆譜、五行、蓍龜、雜占、形法。至清代《四庫全書》，術數類則有：數學、占候、相宅相墓、占卜、命書、相書、陰陽五行、雜技術等，其他如《後漢書·方術部》、《藝文類聚·方術部》、《太平御覽·方術部》等，對於術數的分類，皆有差異。古代多把天文、曆譜、及部分數學均歸入術數類，而民間流行亦視傳統醫學作為術數的一環；此外，有些術數與宗教中的方術亦往往難以分開。現代民間則常將各種術數歸納為五大類別：命、卜、相、醫、山，通稱「五術」。

本叢刊在《四庫全書》的分類基礎上，將術數分為九大類別：占筮、星命、相術、堪輿、選擇、三式、讖諱、理數（陰陽五行）、雜術（其他）。而未收天文、曆譜、算術、宗教方術、醫學。

術數思想與發展——從術到學，乃至合道

我國術數是由上古的占星、卜筮、形法等術發展下來的。其中卜筮之術，是歷經夏商周三代而通過「龜卜、蓍筮」得出卜（筮）辭的一種預測（吉凶成敗）術，之後歸納並結集成書，此即現傳之《易

經》。經過春秋戰國至秦漢之際，受到當時諸子百家的影響、儒家的推崇，遂有《易傳》等的出現，原本是卜筮術書的《易經》，被提升及解讀成有包涵「天地之道（理）」之學。因此，《易·繫辭傳》曰：「易與天地準，故能彌綸天地之道。」

漢代以後，易學中的陰陽學說，與五行、九宮、干支、氣運、災變、律曆、卦氣、讖緯、天人感應說等相結合，形成易學中象數系統。而其他原與《易經》本來沒有關係的術數，如占星、形法、選擇，亦漸漸以易理（象數學說）為依歸。《四庫全書·易類小序》云：「術數之興，多在秦漢以後。要其旨，不出乎陰陽五行，生尅制化。實皆《易》之支派，傅以雜說耳。」至此，術數可謂已由「術」發展成「學」。

及至宋代，術數理論與理學中的河圖洛書、太極圖、邵雍先天之學及皇極經世等學說給合，通過術數以演繹理學中「天地中有一太極，萬物中各有一太極」（《朱子語類》）的思想。術數理論不單已發展至十分成熟，而且也從其學理中衍生一些新的方法或理論，如《梅花易數》、《河洛理數》等。

在傳統上，術數功能往往不止於僅僅作為趨吉避凶的方術，及「能彌綸天地之道」的學問，亦有其「修心養性」的功能，「與道合一」（修道）的內涵。《素問·上古天真論》：「上古之人，其知道者，法於陰陽，和於術數。」數之意義，不單是外在的算數、歷數、氣數，而是與理學中同等的「道」、「理」--心性的功能，北宋理氣家邵雍對此多有發揮：「聖人之心，是亦數也」、「萬化萬事生乎心」、「心為太極」。《觀物外篇》：「先天之學，心法也。……蓋天地萬物之理，盡在其中矣，心一而不分，則能應萬物。」反過來說，宋代的術數理論，受到當時理學、佛道及宋易影響，認為心性本質上是等同天地之太極。天地萬物氣數規律，能通過內觀自心而有所感知，即是內心也已具備有術數的推演及預測、感知能力；相傳是邵雍所創之《梅花易數》，便是在這樣的背景下誕生。

《易·文言傳》已有「積善之家，必有餘慶；積不善之家，必有餘殃」之說，至漢代流行的災變說及讖緯說，我國數千年來都認為天災，異常天象（自然現象），皆與一國或一地的施政者失德有關；下

至家族、個人之盛衰,也都與一族一人之德行修養有關。因此,我國術數中除了吉凶盛衰理數之外,人心的德行修養,也是趨吉避凶的一個關鍵因素。

術數與宗教、修道

在這種思想之下,我國術數不單只是附屬於巫術或宗教行為的方術,又往往是一種宗教的修煉手段--通過術數,以知陰陽,乃至合陰陽(道)。「其知道者,法於陰陽,和於術數。」例如,「奇門遁甲」術中,即分為「術奇門」與「法奇門」兩大類。「法奇門」中有大量道教中符籙、手印、存想、內煉的內容,是道教內丹外法的一種重要外法修煉體系。甚至在雷法一系的修煉上,亦大量應用了術數內容。此外,相術、堪輿術中也有修煉望氣(氣的形狀、顏色)的方法;堪輿家除了選擇陰陽宅之吉凶外,也有道教中選擇適合修道環境(法、財、侶、地中的地)的方法,以至通過堪輿術觀察天地山川陰陽之氣,亦成為領悟陰陽金丹大道的一途。

易學體系以外的術數與的少數民族的術數

我國術數中,也有不用或不全用易理作為其理論依據的,如揚雄的《太玄》、司馬光的《潛虛》。也有一些占卜法、雜術不屬於《易經》系統,不過對後世影響較少而已。

外來宗教及少數民族中也有不少雖受漢文化影響(如陰陽、五行、二十八宿等學說。)但仍自成系統的術數,如古代的西夏、突厥、吐魯番等占卜及星占術,藏族中有多種藏傳佛教占卜術、苯教占卜術;北方少數民族有薩滿教占卜術;不少少數民族如水族、白族、布朗族、佤族、彝族、苗族等,皆有占雞(卦)草卜、雞蛋卜等術,納西族的占星術、占卜術,彝族畢摩的推命術、占卜術……等等,都是屬於《易經》體系以外的術數。相對上,外國傳入的術數以及其理論,對我國術數影響更大。

曆法、推步術與外來術數的影響

我國的術數與曆法的關係非常緊密。早期的術數中，很多是利用星宿或星宿組合的位置（如某星在某州或某宮某度）付予某種吉凶意義，并據之以推演，例如歲星（木星）、月將（某月太陽所躔之宮次）等。不過，由於不同的古代曆法推步的誤差及歲差的問題，若干年後，其術數所用之星辰的位置，已與真實星辰的位置不一樣了；此如歲星（木星），早期的曆法及術數以十二年為一周期（以應地支），與木星真實週期十一點八六年，每幾十年便錯一宮。後來術家又設一「太歲」的假想星體來解決，是歲星運行的相反，週期亦剛好是十二年。而術數中的神煞，很多即是根據太歲的位置而定。又如六壬術中的「月將」，原是立春節氣後太陽躔娵訾之次而稱作「登明亥將」，至宋代，因歲差的關係，要到雨水節氣後太陽才躔娵訾之次，當時沈括提出了修正，但明清時六壬術中「月將」仍然沿用宋代沈括修正的起法沒有再修正。

由於以真實星象周期的推步術是非常繁複，而且古代星象推步術本身亦有不少誤差，大多數術數除依曆書保留了太陽（節氣）、太陰（月相）的簡單宮次計算外，漸漸形成根據干支、日月等的各自起例，以起出其他具有不同含義的眾多假想星象及神煞系統。唐宋以後，我國絕大部分術數都主要沿用這一系統，也出現了不少完全脫離真實星象的術數，如《子平術》、《紫微斗數》、《鐵版神數》等。後來就連一些利用真實星辰位置的術數，如《七政四餘術》及選擇法中的《天星選擇》，也已與假想星象及神煞混合而使用了。

隨着古代外國曆（推步）、術數的傳入，如唐代傳入的印度曆法及術數，元代傳入的回回曆等，其中我國占星術便吸收了印度占星術中羅睺星、計都星等而形成四餘星，又通過阿拉伯占星術而吸收了其中來自希臘、巴比倫占星術的黃道十二宮、四大（四元素）學說（地、水、火、風）並與我國傳統的二十八宿、五行說、神煞系統並存而形成《七政四餘術》。此外，一些術數中的北斗星名，不用我國傳統的星名：天樞、天璇、天璣、天權、玉衡、開陽、搖光，而是使用來自印度梵文所譯的：貪狼、巨

門、祿存、文曲、廉貞、武曲、破軍等，此明顯是受到唐代從印度傳入的曆法及占星術所影響。如星命術中的《紫微斗數》及堪輿術中的《撼龍經》等文獻中，其星皆用印度譯名。及至清初《時憲曆》，置閏之法則改用西法「定氣」。清代以後的術數，又作過不少的調整。

此外，我國相術中的面相術、手相術，唐宋之際受印度相術影響頗大，至民國初年，又通過翻譯歐西、日本的相術書籍而大量吸收歐西相術的內容，形成了現代我國坊間流行的新式相術。

陰陽學——術數在古代、官方管理及外國的影響

術數在古代社會中一直扮演着一個非常重要的角色，影響層面不單只是某一階層、某一職業、某一年齡的人，而是上自帝王，下至普通百姓，從出生到死亡，不論是生活上的小事如洗髮、出行等，大事如建房、入伙、出兵等，從個人、家族以至國家，從天文、氣象、地理到人事、軍事，從民俗、學術到宗教，都離不開術數的應用。我國最晚在唐代開始，已把以上術數之學，稱作陰陽（學），行術數者稱陰陽人。（敦煌文書、斯四三二七唐《師師漫語話》：「以下說陰陽人謾語話」，此說法後來傳入日本，今日本人稱行術數者為「陰陽師」）。一直到了清末，欽天監中負責陰陽術數的官員中，以及民間術數之士，仍名陰陽生。

古代政府的中欽天監（司天監），除了負責天文、曆法、輿地之外，亦精通其他如星占、選擇、堪輿等術數，除在皇室人員及朝庭中應用外，也定期頒行日書、修定術數，使民間對於天文、日曆用事吉凶及使用其他術數時，有所依從。

我國古代政府對官方及民間陰陽學及陰陽官員，從其內容、人員的選拔、培訓、認證、考核、律法監管等，都有制度。至明清兩代，其制度更為完善、嚴格。

宋代官學之中，課程中已有陰陽學及其考試的內容。（宋徽宗崇寧三年〔一一零四年〕崇寧算學令：「諸學生習……並曆算、三式、天文書。」「諸試……三式即射覆及預占三日陰陽風雨。天文即預

定一月或一季分野災祥，並以依經備草合問為通。」

金代司天臺，從民間「草澤人」（即民間習術數人士）考試選拔：「其試之制，以《宣明曆》試推步，及《婚書》、《地理新書》試合婚、安葬，並《易》筮法，六壬課、三命、五星之術。」（《金史》卷五十一‧志第三十二‧選舉一）

選舉志一》：「（元仁宗）延祐初，令陰陽人依儒醫例，於路、府、州設教授員，凡陰陽人皆管轄之，而上屬於太史焉。」）自此，民間的陰陽術士（陰陽人），被納入官方的管轄之下。

元代為進一步加強官方陰陽學對民間的影響、管理、控制及培育，除沿襲宋代、金代在司天監掌管陰陽學及中央的官學陰陽學課程之外，更在地方上增設陰陽學課程（《元史‧選舉志一》：「世祖至元二十八年夏六月始置諸路陰陽學。」）地方上也設陰陽學教授員，培育及管轄地方陰陽人。（《元史‧

至明清兩代，陰陽學制度更為完善。中央欽天監掌管陰陽學，明代地方縣設陰陽學正術，各州設陰陽學典術，各縣設陰陽學訓術。陰陽人從地方陰陽學肄業或被選拔出來後，再送到欽天監考試。（《大明會典》卷二二三：「凡天下府州縣舉到陰陽人堪任正術等官者，俱從吏部送（欽天監），考中，送回選用；不中者發回原籍為民，原保官吏治罪。」）清代大致沿用明制，凡陰陽術數之流，悉歸中央欽天監及地方陰陽官員管理、培訓、認證。至今尚有「紹興府陰陽印」、「東光縣陰陽學記」等明代銅印，及某某縣某某之清代陰陽執照等傳世。

清代欽天監漏刻科對官員要求甚為嚴格。《大清會典》「國子監」規定：「凡算學之教，設肄業生。滿洲十有二人，蒙古、漢軍各六人，於各旗官學內考取。漢十有二人，於舉人、貢監生童內考取。附學生二十四人，由欽天監選送。教以天文演算法諸書，五年學業有成，舉人引見以欽天監博士用，貢監生補用。」學生在官學肄業、貢監生肄業或考得舉人後，經過了五年對天文、算法、陰陽學的學習，其中精通陰陽術數者，會送往漏刻科。而在欽天監供職的官員，《大清會典則例》「欽天監」規定：「本監官生三年考核一次，術業精通者，保題升用。不及者，停其升轉，再加學習。如能黽

勉供職，即予開復。仍不及者，降職一等，再令學習三年，能習熟者，准予開復，仍不能者，黜退。」

除定期考核以定其升用降職外，《大清律例》中對陰陽術士不準確的推斷（妄言禍福）是要治罪的。《大清律例‧一七八‧術七‧妄言禍福》：「凡陰陽術士，不許於大小文武官員之家妄言禍福，違者杖一百。其依經推算星命卜課，不在禁限。」大小文武官員延請的陰陽術士，自然是以欽天監漏刻科官員或地方陰陽官員為主。

官方陰陽學制度也影響鄰國如朝鮮、日本、越南等地，一直到了民國時期，鄰國仍然沿用着我國的多種術數。而我國的漢族術數，在古代甚至影響遍及西夏、突厥、吐蕃、阿拉伯、印度、東南亞諸國。

術數研究

術數在我國古代社會雖然影響深遠，「是傳統中國理念中的一門科學，從傳統的陰陽、五行、九宮、八卦、河圖、洛書等觀念作大自然的研究。……傳統中國的天文學、數學、煉丹術等，要到上世紀中葉始受世界學者肯定。可是，術數還未受到應得的注意。術數在傳統中國科技史、思想史，文化史、社會史，甚至軍事史都有一定的影響。……更進一步了解術數，我們將更能了解中國歷史的全貌。」（何丙郁《術數、天文與醫學中國科技史的新視野》，香港城市大學中國文化中心。）

可是術數至今一直不受正統學界所重視，加上術家藏秘自珍，又揚言天機不可洩漏，「（術數）乃吾國科學與哲學融貫而成一種學說，數千年來傳衍嬗變，或隱或現，全賴一二有心人為之繼續維繫，賴以不絕，其中確有學術上研究之價值，非徒癡人說夢，荒誕不經之謂也。其所以至今不能在科學中成立一種地位者，實有數因。蓋古代士大夫階級目醫卜星相為九流之學，多恥道之；而發明諸大師又故為恍迷離之辭，以待後人探索；間有一二賢者有所發明，亦秘莫如深，既恐洩天地之秘，復恐譏為旁門左道，始終不肯公開研究，成立一有系統說明之書籍，貽之後世。故居今日而欲研究此種學術，實一極困難之事。」（民國徐樂吾《子平真詮評註》，方重審序）

現存的術數古籍，除極少數是唐、宋、元的版本外，絕大多數是明、清兩代的版本。其內容也主要是明、清兩代流行的術數，唐宋或以前的術數及其書籍，大部分均已失傳，只能從史料記載、出土文獻、敦煌遺書中稍窺一鱗半爪。

術數版本

坊間術數古籍版本，大多是晚清書坊之翻刻本及民國書賈之重排本，其中豕亥魚魯，或任意增刪，往往文意全非，以至不能卒讀。現今不論是術數愛好者，還是民俗、史學、社會、文化、版本等學術研究者，要想得一常見術數書籍的善本、原版，已經非常困難，更遑論如稿本、鈔本、孤本等珍稀版本。

在文獻不足及缺乏善本的情況下，要想對術數的源流、理法、及其影響，作全面深入的研究，幾不可能。

有見及此，本叢刊編校小組經多年努力及多方協助，在海內外搜羅了二十世紀六十年代以前漢文為主的術數類善本、珍本、鈔本、孤本、稿本、批校本等數百種，精選出其中最佳版本，分別輯入兩個系列：

一、心一堂術數古籍珍本叢刊

二、心一堂術數古籍整理叢刊

前者以最新數碼（數位）技術清理、修復珍本原本的版面，更正明顯的錯訛，部分善本更以原色彩色精印，務求更勝原本。并以每百多種珍本、一百二十冊為一輯，分輯出版，以饗讀者。

後者延請、稿約有關專家、學者，以善本、珍本等作底本，參以其他版本，古籍進行審定、校勘、注釋，務求打造一最善版本，方便現代人閱讀、理解、研究等之用。

限於編校小組的水平，版本選擇及考證、文字修正、提要內容等方面，恐有疏漏及舛誤之處，懇請方家不吝指正。

心一堂術數古籍 整理 叢刊編校小組

二零零九年七月序

二零一四年九月第三次修訂

己未閏月

靖盒署

山洋指迷

序

地理指迷原本得行於世豈偶然哉如明初周景一先
生為州山吳氏卜葬多奇穴更貽以指迷書厥後吳氏
人文蔚起成巨族其書遂見重於人傳抄幾遍江浙第
自明迄今相沿年遠鈔錄愈繁舛訛益甚此原本固不
可不刊行也姑蘇俞君歸璞同邑吳子卿瞻嗜青囊學
見指迷坊刻之訛即其註釋亦未能闡發書意因取舊
藏原本疏註為枕中秘惟是俞吳二子向皆作客遠方
天南地北萍合四明討論數載註成全集而先生傳書
四百餘年今始得人蓋有數存非偶然也宜為同志者
慫恿付梓公之於世因問序於予讀之明晰暢達與大

逮明永樂時先生與其族祖友善居停數十年發祥諸

坐悉由指示顯行日始以篋書贈其慎重也若是此書

之所以不甚傳而獨爲吳氏祕笈吳氏簪纓世顯好事

者僅以山法數卷輾轉傳抄假名刊布增損舛訛豈知

先璧固有在一班未足以窺全豹況更有毫釐千里之

謬哉今讀全書原本萃青囊之祕要闡黃石之微言細

若機絲朗如金鑑較傳抄諸本言辭闕失閱未竟而厭

倦者不啻霄壤實爲開鑿混沌昭晰陰陽祕笈得其旨

者何至望洋與嘆迷于所視乎爰與吳子互相討論增

註成編質之同志咸以爲可夫求名師不得讀名師之

書即得也自應公之宇內使人摻寶鑰家奉南車山川

不能遁其形賢達不得專其美先生之教庶與日月終

古矣因付梓人而述其大略如此

　時

乾隆丁未春日吳門俞歸璞序

周景一先生者明初台郡人也善堪輿爲予先世窆彭
計貽地理指迷書四卷珍爲家藏遞傳弗失予向客四
明見目講師地理索隱卽指迷也有山法而無平洋且
删減殆半無以發明更有以指迷爲宋王伋撰或稱元
譚仲簡書鏤板行世書同名異何以証之嘗讀族祖環
洲公序先生本業儒而性躭山水得青囊之秘人以地
仙稱前明永樂間遊于越與予三世伯祖裕菴公深契
居停有年家數善地悉由指點蛇山眠犬爲最著正統
十四年先生辭歸爰以篋書贈此書之由來也其後予
族丁齒日繁簪纓繼起以忠孝文行武功著者代不乏
人四百餘年來子姓箕裘仰承如昔食先生之德而揚

其徵者迄今猶稱道弗衰書之傳也蓋確有可証者第

先生潛德高風深自韜晦不著姓氏于書傳抄者或味

根荄刊行者借名炫世或圖簡略率意刪除亥豕魯魚

殊失廬山面目況少平洋一卷猶非全璧其稱為目講

又與門俞歸璞先生共事甬城見予指迷原本証其所藏

玉及譚仲簡者即非漫無所據亦可無論巳甲辰春與

卷帙相同幸舊錄之猶存較傳抄之未備因思所以壽

世而予亦有同心於是反覆參詳逐篇增註三易其稿

猶慮不能闡其微同人謬加稱許爰付剞劂皆所以推

廣先生傳書垂教之意倬究心地理者識山水之性情

辯龍穴之真僞吉獲牛眠慶延麟趾作忠作孝補救

昇平知先生加惠于地學無涯而人子之葬其親端賴

是編傳之不朽云

　　時

乾隆丁未仲春山陰吳卿瞻序

凡例

一是書山龍甚重開面平洋甚重束氣開口佔地步則
山洋均重書凡四卷第一卷首論巒頭爲本爲全編

立言大旨分欲仰覆向背合割四篇概論開面縱橫

收放編全聚散四篇概論地步二卷分論開面三卷

分論地步後以開面地步包括形勢星辰爲山法諸

篇結束饒減挨棄倒杖淺深四篇乃立穴定向之準

繩所以補葬法之未備四卷甚論平洋承山龍開面

說起以山洋異同篇總結全書

一是書山法諸篇雖經坊刻尚有未全而平洋一卷更

爲世所罕見標題山洋指迷者實與他本不同

一是書正文圖說悉照原本不敢增減惟大概抄本間

有詮註雖不知何人手批然足以闡發文義者亦採

錄附入此外尚有未甚曉暢處或引前人成言或另

增註解加圈別之第四卷本本無註釋並經黎註更有

筆墨難盡者推廣正文本義附以圖說復將每篇警

句密圈分清叚落庶可一目瞭然

一是書娓娓數萬言如剝蕉抽繭層層推勘絲絲入扣

其妙處全在一正一反對說如何是眞必言如何是

假絲毫不肯放過雖字句不無重複處然纏晰條分

各有精義潛心披閱自可豁然貫通初學最易入門

高明者亦可擴充眼界開拓心胸

一是書評論山洋每篇先言龍脈次及砂水穴情分別

龍穴眞僞大小瞭如指掌至山龍分歛篇云穴後宜

分不宜合穴前宜合不宜分平洋龍體穴形篇云後

以束氣爲証前以明堂聚處爲憑總括山洋龍穴大

旨可謂要言不繁

一山龍落脈全在垂頭開面結穴全在毬簷唇毡辯脈

穴眞假已備於首二兩卷若乳突窩鉗及平洋龍體

穴形諸篇尤爲穴法精粹是編應推巒理上乘

一山龍有三分三合水平洋有大分合小分合眞分合

之水山洋龍法穴法大畧相同太陽太陰少陽少陰

四象雖論平洋形體亦與山龍彷彿可以參看

一平洋束氣開口乘脊脈看水繞前人原有論及是盡

辯明收放開口各有眞僞近山平洋有脊脈者不可

無水繞遠山平洋有脊脈以低田低地為堂界而無

明水者不可無大水會合及出水蓮花泊岸浮罐逆

水沙洲諸格他書無此發明

一點穴自古稱難欲明點穴之法莫過此書明白暢達

亦莫過此書平洋妙論精微法無不備且以補山龍

穴法之不足其有禪地理更匪淺鮮

目錄

山洋指迷原本卷一

周景一先生著

姑蘇俞歸璞　增註

山陰吳卿瞻

論地理以巒頭為本

巒頭不專指星體而言凡龍穴砂水有形勢可見者皆
巒頭內事也青囊經曰理寓于氣氣圍于形蓋理者陰
陽五行之理氣者陰陽五行之氣形則山峙水流之形
也山之所以峙水之所以流莫非陰陽五行之氣使然
而其中有理存焉朱子所謂氣以成形而理亦賦焉者
也但氣有吉凶不以理推之則不可得而知故聖人說
卦以明理用卦以推氣凡先天後天雙山四經三合元

空穿山透地坐度分金休囚旺相氣運歲時皆理氣內

事也。○理氣諸說各有所用恐人無所適從特舉最要數者爲後學指南第巒頭理氣二

者孰重曰巒頭眞理氣自驗巒頭假理氣難憑故理氣

不合而巒頭眞者雖有瑕疵不因理氣不合而不發富

貴理氣合而巒頭假者定不因合理氣而發福祿是巒

頭爲理氣之本也明矣學者必待巒頭精熟地之眞假

大小穴之吞吐浮沉卓然有見于胸然後講求理氣以

明乘氣立向控制消納徵驗歲運之用亦不可廢如巒

頭未熟先學理氣錐貴陰賤陽求生去墓諸說鑿鑿可

據而吉凶休咎似與巒頭無與往往求福而致禍者舍

本逐末故也故曰占山之法以勢爲難而形次之方又

次之又曰有體方言用常用則失體可不知所先務哉

開面地步

地之眞假大小何以辨之先觀開面之有無便知眞假

之概再觀開面之多寡大小及地步之廣狹而地之大

小亦知其概何謂開面只以分歛仰覆向背合割八字

察之分而不歛仰而不覆向而不背合而不割者爲開

面四者之中有一反是爲不開而何謂地步只以縱橫

收放偏全聚散八字察之縱長橫廣收小放大局全而

聚大者地步廣縱雖長橫不廣收雖小放不大局偏而

聚小者地步狹

分歛○此篇論來龍降脈及穴山穴面之分歛綱

以諸砂證其開面爲山法全編之主腦也

西泠印社

何謂分歛曰分者分開八字也無个字不成龍無分金

不出脈　山龍落脈非个个字不行落脈處要成星體方有
　　　分金之面〇有个字則開肩開肩則有分水水

脈清　故凡有頂有泡處皆不可無分以為个字分金之
分則

雞爪必有尖低音矮也　　　有平中脈如寬牽線者方是三

〳撇乀音捺〇分金之八者　分但不可三股顯然如
　　出〵乀成金字之面也

砂高中脈微平軟泛方是寬牽線又須大〳乀之內有
一様高起如雞爪者為貫頂兩邊

小〳乀顯〳乀之內有隱〳乀故有大分小分顯分隱

分之不同大分者主星頂上分開大八字謂之明肩明
肩之內又分小八字不論條數多寡均為護帶

護帶之內貼脈分小八字謂之蟬翼蟬翼乃出脈處顯
蟬翼所分之隱砂

分者明肩護帶也隱分者蟬翼也更有隱者謂之肌理

刷開

是體出有無數細紋分開者是依稀微茫須細心體認其頂下胸腹間所起

突泡或分小八字或分隱八字謂之金魚砂亦爲暗翼此半山突泡所分之隱砂比蟬翼砂略短以上乃來龍降脉之分不論祖山

穴山皆宜如此有不同行度處微有臨穴之際或分蟬翼砂而成乳突穴或分牛角砂而成窩鉗穴蟬翼牛角砂之內均須有肌理刷開之隱分方開穴面亦有乳突無蟬翼可見只滿面肌理刷開使穴腮圓胖以成穴面者此臨穴之蟬翼牛角肌理刷開總謂之牝牡砂乃爲分盡之分亦謂分金之面曰分盡○以上概論祖山穴山臨穴穴前宜合分至此而盡故穴後宜分○以上分之面以下謂之明肩者以其如人之兩肩如飛鳥

論諸砂名義

之兩翼又如金字之人字者外背內面彎抱向穰不論大背而直者非

小星辰俱不可少在橫降處尤為緊要橫降無肩假如落脈必假如

無大八字或大八字少一邊或參差不齊或一邊背我

或無稜角背面或內無隱八字或大八字之丿乀上自

分个字而成龍不為我之用神者不論祖山穴山俱無

真結若外有至大之八字帳幕迎送纏護者是也纏護迎送

水帳者是也謂之護帶者以其形如垂帶作正脈兩邊

即帳幕所分之枝脚又有開肩之大八字三台五腦七腦九腦金

之護從也開脚大星然可見者為開脚大星與橫山分中垂一脈旁分數條顯

落開刷落脈者俱不可少故須護帶廣闊此三者若無護帶

出為脈無地步護帶不懈開如八字而反插入者為欲

或直生或背皆是惟外背內面先分開而尾插入者不忌護

向裏者皆是

帶無背面爲閒砂一邊背我爲無情皆不成地中小星

辰不拘護帶有無尖圓方之正體星辰常無護帶
有則

有肌理刷開故不須護帶亦有生於明肩外者
正體星辰開隱个字之面必

明肩外有砂包裹　總要外背內面方眞謂之蟬翼者以
重重均爲護帶

其所分至隱如蟬翼之輕薄也蟬之飛住不同故翼有

舒貼二體舒者上半貼於身至翼尾則分開兩片於旁

三股井然可見貼者翼尾緊貼身上兩股隱然難明三○

兩股單指蟬翼言山頂之蟬翼舒者多而貼者少穴旁
股連中間脈路說

之蟬翼舒者少而貼者多　惟有隱分之勢開脚星辰
開貼者不顯然分

頂上化生腦無蟬翼界水貼脈透頭爲貫頂斷不結地

雖有蟬翼而頂上就分三股如雞爪者亦爲貫頂中有

水痕穿透者爲蟬翼離身不成地者十之八九須看落

脈之仰覆旁砂之向背以爲棄取如得脈如鵝毛之向砂之仰者亦能

地必上截如覆鍋一般落下一段方分兩片於旁始肯結如手臂之向者亦能

蟬身之翼蓋蟬翼非頭上所生乃離頭一段而生非頂

上就分三股乃落下一段方成三股若一邊先分一邊

後分爲蟬翼參差一邊有蟬翼一邊無者爲邊有邊無

皆不成地惟一邊無蟬翼而得肌理之分者亦能成地

但肌理之分甚微與邊無不甚相遠亦須以脈之仰覆

砂之向背証之若尖圓方之正體星辰與突泡毬簷有肌理之分

滿面肌理之分者不拘蟬翼有無皆可論地亦能分水

故可無謂之肌理刷開者以其所分至隱如肌膚之紋

蟬翼

理又如糊箒在壁上刷作分開之勢有隱然分開之痕

枝條須細〔心體認〕凡有頂有泡出脈結穴處皆不可少在低小

正體星辰與節泡毬簷之無蟬翼護帶者固全賴此隱

然之分以分開星面穴面使不飽硬欹破而面平即高

大開脚星辰與節泡毬簷之有護帶蟬翼者亦莫不藉

此隱然之分以成星面穴面若未分蟬翼之上無此〔此字〕

〔指隱分言即肌理刷開也〕則裹煞而剛飽已分蟬翼之內無此則不

矬而硬直何能使脉路穴情有分金之平面而形如鶩

毛翫〔竅音〕乎夫山之貴有分者以其能盪開粗硬之氣於

兩邊使中間脉路有脫知而軟泛也明肩護帶蟬翼之

分但能盪開外層至粗之氣欲使中間脉路粗硬之氣

脫卸淨盡非肌理刷開之分不可故首分龍以至入穴

無一節一泡之肌理可以直生歛入（直生則無彎抱之勢無分開）

之無半突半邊之肌理可以似分而分不淨其星面無

魚砂者以其如玉帶間所佩之金魚袋又如魚身之划

尳平而帶剛飽者（理痕彎卸即是似分而分不淨謂之金）

翅（音華）特降星辰○即成星辰座（拔星辰）牛山有突泡者必不可少平

岡龍體不論在穴山此爲弟二分斷不可邊無參差惟

邊長邊短股明股暗無妨明肩護帶亦然謂之牛角砂

者以其環抱如牛角也窩鉗眞假全在此砂弰稜之有

無別之（弰稜者砂身上隱隱有一線高起彎抱向裏也）必須外背內面而背面

交界之際對望之若有稜起者爲有弰稜如無背面而

三　吳氏聚珍版

內外交界之處對望之圈圖圖者為無弦稜邊窩之
格定是邊長邊短股明股暗若半邊全無者則其無邊
之界水必穿肩入於唇內故牛角砂亦不可邊有邊無
謂之牝牡砂者以其瓏瑰臨穴後隱約薇穴旁如牝牡
之交孚也○牝牡砂從毬簷分來在乳突陰穴為蟬翼身便界
割水不無牝右必割無牝左必割牝牡俱無不能分開兩
畔之水必左右俱割脚○淋頭必然割脚故穴後割脚無顯
然臨穴之牝牡猶可無肌理刷開之牝牡斷不成地蓋
有無蟬翼牛角但得肌理刷開之面而成穴者有之未
有無肌理刷開之面但得蟬翼牛角而成穴者○蟬翼牛角不翼
理之分肌理刷開者土肉之紋理如牛肉理之斜生雨
可無肌

滲入土從斜理分去壙中無水而有氣肌理不刷開者

土肉之紋理如牛肉理之直生兩滲入土從直理滲入

壙中有水而無氣故穴中有水無水以土理之分開不

分開別之則有氣無氣亦以土理之分開不分開驗之

蓋天下有生氣者人物草木也人物草木得有生氣者

手足眉目羽毛鱗甲枝葉蔕瓣顯然之形體固無不分

即寸膚寸肉一葉一瓣隱然之紋理亦無不分若只有

顯分而無隱分是猶塑 素音畫者雖具人物之形全無生

氣何能知覺運動乎星辰雖有明肩護帶而無肌理刷

開之分卽爲粗蠢飽硬之體何能有星面穴面之動氣

乎故蟬翼牛角肌理之分更宜呡講也然則穴中有石

無石又何以別之曰亦在蟬翼牛角肌理之分而已有

此分者剛硬之煞盪開兩邊中間自有矬平硬中裏軟

必然無石縱有石亦如八字分開其石必嫩不謂之煞

石紋分開之中必有土穴無此分者剛硬之石裏於中

間必無矬平而飽硬即無石而純土亦不可扦多有石

葬後禍不旋踵總由無矬帶石之山其石一直生下或

平分合渾身是煞故也　無矬帶石之山其石一直生下或

從旁挿入陰煞極重惟石八字分開而有眞矬眞平者

穴有浮石亦無碍謂之分盡之分者以分開金面之下

仍有分水之脊出脈者未可言分盡也　金面下無矬平

必至毬簷之顯分而見蟬翼蝦鬚隱分而見肌理

而未止　蝦鬚指毬簷外分水言毬簷顯分自有蟬中間

刷開翼可見若嫩乳嫩突之隱分惟有肌理刷開中間

不復有脊脈之起面前惟見有圓唇之收微○穴暈前有小明

堂方見圓唇兩角收上而托

方爲分盡分盡之處即是結穴之處謂

之分金之面者以穴後毬簷顯者如覆鍋隱者如泥中

鷩穴前對望儼如金字之面俗謂之金星楊公謂之乘

金其劈中處是分金之中也即穴之分金之中即是點

穴之中未分盡而急扦之曰鬭鬭即是純陰扦穴即傷脈已分盡而

緩扦之曰脱脱脈即無氣○不於分金之中而旁扦之

曰偏失脈○偏則蓋出脈如菜薹之抽於心結穴如花心之

接於蔕故曰點穴之訣在貫乎一脈之來而處於至中

之地豈非言分盡之處係分金之中即是穴之意耶以

上論分以其明肩護帶蟬翼牛角肌理不自內分開而

下論歛

反自外插入卽不插入而直生無抱向之情者均謂之

歛（要本身枝脚宕開如）人肘開作揖爲佳　或有大八字而無隱八字或有

隱蟬翼而無明肩或邊有邊無參差不齊者亦謂之歛

盖當分不分卽是歛也歛則生氣不行與分相反分者

陽氣發舒生長之象歛者陰氣收藏蕭殺之象故自穴

後毬簷溯至分龍太祖俱喜分而忌歛但山之全無分

者亦少似分而非眞分者最多顯然分開歛入者易見

隱然分開歛入者難明或大分小分似乎俱備而地反

假或顯分隱分似乎有缺而穴反眞諸般疑似不決者

惟觀其脈路穴情如知鵞毛之蘸寬牽線之軟兩邊護

砂〇（左右龍虎貼）牝牡砂俱是如側手臂之向者必眞脈路穴情如

山洋指迷卷一

西泠印社

覆鸞毛之飽或如急牽線之硬兩邊護砂如側手臂之
背或如手臂之覆與仰面不向而背者俱假〇覆則不
仰何益
而不向蟬
以此法互証之而真假疑似不難盡剖矣 分背面仰

明肩護帶蟬翼肌理刷開之圖

明肩
翼帶 蟬護

明肩

大八字之撇

大八字之捺

開刷埋肌

右圖上五節開腳星辰下一節正體星辰

群龍並出圖

真　假　假　真

第一節大八字大故地大

第二節左邊無大八字左

龍之大八字反背地假第

三節本身無大八字左右

砂俱背亦假第四節大八

字小故地小

僞龍之圖

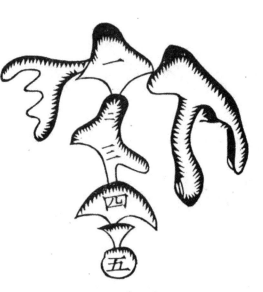

第一節錐分八字出脉

闊大貫頂二節無大八

字三節大八字參差四

節無蟬翼三股如雞脚

五節圓圖無稜角俱假

病龍無得之圖

右圖第一節護帶嶔入先分開而外背內面無妨三
節六節界水透頂在蟬翼外無妨四節左邊無蟬翼
犯邊有邊無之病如在穴山多不成地今在後龍旁
砂如花瓣相向脈路如寬牽線前後龍俱開面無妨

五節脉路闊大似貫頂但有肌理刷開逼開界水不

致扣脉非無分中有分則必有小矬小平而不硬直

亦無妨七節左邊無蟬翼砂本是大病幸非穴山前

後龍俱開好面本身脈如寬牽線旁砂外背久面故

無妨若半山無金魚砂界水扣肋割脈得脈如見牽

線左右砂外背內面者亦無妨八節正體星辰似飽

幸而兩邊稜角伶俐中有肌理刷開之分必有小矬

小平之勢故雖似飽無妨若八字圓圖無稜角中間

雖有肌理隱分而無數次小矬小平及無見顓 ^音信之

微有𩞄^音之 ^{穀也} 者為分不盡必無融結況肌理直生

欿入者乎

凡分歛之病共有十八至凶而不能變吉者有十焉一

曰無大八字二曰大八字參差不齊一邊先分三曰大

八字少一邊四曰大八字圇圓無稜角一邊後分即無圇圓即無背面即無

角五曰大八字之內既無蟬翼又無肌理刷開六曰界背即無稜

水夾脈透頭頂前出脈硬覆七曰護帶外面內背或無背無面

自外插入八曰蟬翼去差金魚砂不齊九曰到穴無分

金之面或牝牡砂不全十曰肌理直生歛入龍有病能

變好面而結小地者三一曰大八字一邊反背二曰大

八字自分个字而成龍三曰大八字反小而不罩其小

八字此三者得下面博出星飽胖山有遞脈節泡有穴山成星體吉形有

分金之面脈路仰而不覆穴隨面而不飽與牝牡砂均面情伴山面臨穴毬簷○均

山洋指迷卷一

有隱分
之面

左右砂向而不背○<small>虎砂</small>指言龍出唇吐氣砂水聚集

者仍有小結不可以祖山不美而棄之雖有病而不傷

大體者五一曰大八字一邊倒稜二曰本山出脈處被

護龍之砂自外插入三曰內層之護帶蟬翼當小外層

之護帶明肩當大今相同如棕櫚葉四曰後龍山頂蟬

翼肌理之分邊有邊無之<small>一邊有則生氣從有</small><small>一邊落下故無妨</small>牛邊界水

夾脈透頭五曰半山無金魚砂或邊有邊無此五者得

後龍節節開面脈路投投尷平旁砂面面相尚毬簷唇

口分明局勢環聚者雖有一節之疵不減真龍之力又

大龍將盡節節分枝枝枝成地之處其分龍處之大八

字護帶一邊背我者不可以起祖發足之山谷論<small>分龍</small><small>此</small>

是大龍行度處分來與起祖發足之分龍有別蓋枝枝成地之處分大龍一二節即入穴分龍便作太祖故亦曰分龍詳見第三卷因其背我而棄之脱化多砂水小龍拱顧果能真穴的問或有妙背無只要出脉處出脉處〇分龍有小開面有埒有平前途能博出數節開面星辰本山枝脚不顧人者亦成中下之地〇以上論病龍棄取

或曰從來只有分合二字今分字下添入歛字合字下添入割字何也曰向背仰覆聚散六字一好一歹堆俱有相反者爲對獨分合二字俱在好邊求其與分相反之字合字是也求其與合相反之字分字是也然穴後宜分不宜合穴前宜合不宜分〇分則氣來合則氣止山洋龍法穴法二句包括殆盡此不但指穴後穴前之乾流水痕言故以歛字易合爲分字之反謂

穴後只宜分開不宜斂入以割字易分爲合字之反謂

穴前只宜合脚不宜割脚也○合脚者金魚水從毬簷

脚詳下合割篇　　砂兜抱其唇也割後分來合於唇下又有兩

或曰斂字與合字義似同而云忌斂者何與曰合字穴

前始用之自穴後毬簷溯至分龍太祖一見斂入生氣

不求況合者先自內分開外背內面而環抱其內也斂

者竟自外挿入內背外面或無背無面而挿入也是以

有別○上二節　概論分斂

或曰但聞穴旁有蟬翼未聞　聞

德彰云出身處有蟬翼護帶前去必成大地說見四神

秘訣出身者太祖分龍處也則蟬翼豈止穴旁有哉此○

祖山山頂亦有蟬翼曰董

處蟬翼

或曰肌理刷開未嘗聞之曰橫看壁面直指斜膚彷彿

有無是爲得之此古人語也非肌理刷開之謂乎

或曰顯八字之內固不可無隱八字但隱八字如蟬翼榛

者可見如肌理刷開者非法眼難明或草木蓁蕪或種

植開損雛法眼亦難明且山之个字三股者居多豈盡

如雞爪假个字乎曰但觀山頂上截有一段平面無陰

脊透頂有矬有平落下一段方出脈如寬牽線仰鵝毛

者定有隱八字便是正脈若陰脊透頂不先作一矬之

勢而出脉如急牽線或如覆鵝毛者定無隱八字即有

亦是砂體蓋眞个字必平面無脊上半截有肌理隱分

不遠然分開三股故有平面○山頂上半截有平
面方爲開面之眞

字必渾而有脊上半截無肌理隱分山○渾者剛飽之謂
山頂上半截有脊

而剛飽者即
是員頭出脉

或曰同在此山何謂自外插入即插入便何
妨曰如人

即截然分開三股故無平面也○此節論
個字眞爲

之眉目自印堂分開法令紋從鼻旁分出爲自內分開

方成人相若眉目自太陽生來法令紋從兩顴

爲自外插入便不像人形又如花果之細枝數片嫩葉
權音生進

一朵花瓣從本枝本蒂分出爲自內分開方成花果若

本枝無葉無瓣或有而不全被旁枝之葉瓣挨從本枝

爲自外插从便不成花果故大小八字要在本鵒之頂

與戾先作分開之勢然後環向其身者爲自內分開方

能成地若本身不先作分開之勢被隔股別枝之砂從
旁插將進來爲自外插入斷不成地蓋自內分開而環
向本山者定是外背內面自外插入而唐突本山者定
是內背外面或無背無面若本身已有大小八字自內
分開而隔股之砂自外插入則不忌但面來向我者佳
○此節論本山大
小八字之分開

或曰龍格中惟梧桐枝兩邊均勻蒹葭杞梓楊柳等枝
非參差不齊則邊有邊無其福力雖不及梧桐枝未嘗
爲假今以參差邊無爲假得毋背先哲之論乎曰彼所
論者行度處之枝脚橈掉予所論者開面處之大小八
字楊柳蒹葭邊無參差而不妨者以分龍入首開面成

星自有明肩蟬翼之分分者在設此處邊無參差雖梧

桐枝亦假烏能成地○此節論分龍入首必須明肩蟬翼

或曰分歛之法可辦地之真假亦可辯地之大小乎曰

萬觀其始分再抽之際大八字大護帶多者前去必成

大地大八字小護帶少者前去必成小地護帶此論

或曰十六字中首列分字者何歟曰分字即開面之開

字未有不分而能開面者也故分字爲首重

或曰子言無分金不出脉豈水木火土無脉乎曰五星

之體不同而分金之面則一星體雖不同而落脉必成

之如金字之形爲面如曲些是水之分金長些是木之

出也非謂五行之金如金面故曰分金○蓋言分

也非謂五行之金

分金尖些方些是火土之分金五星皆有分金之面然

後出脈也（此論星面）

或曰于言分金之中是點穴之中金星弔角穴閃薄邊

者豈亦在分金之中乎曰金星弔角者因當中不出脈

閃歸个字之八邊出脈而隱然分金之面在於角上（金星弔角大金面之旁另開小金面穴閃薄邊者因）

也（折穴小金面之中即是分金之中）

當中厚而死分金之面閃歸薄邊如人側面一般雖非

折量之中未嘗不在分金之中故宜就其金面中立穴

也（此節論閃脈）

或曰何謂化生腦曰山頭如人之頂化生腦如人之額

山頂前之微突謂之化生者以山之起頂乃是陰體欲（連於山頂者是）

落脈必先作隱隱分開之勢將硬氣盪開兩邊則隱分

之双下必有一呼之微有如小鯢頗門之上截（額○如鯢上截）

者喻其之極微（有）此陰化而爲陽也從此化陽之前生起小腦

是爲化生腦此陽化而爲陰也從此（起頂前此落脈微有有脈方）

不陰陽變化呼吸浮沉之機已朕兆於此○而吸呼則氣升則氣（起頂有此陰陽變化有有前微）

（沉而降而）故其腦上必有分開之金面分下有一呼之微有（有前）

（微起）前有一吸之微起是小腦便而此下之節泡毬簷亦莫

不從此化陽之前生起故脈動而氣生若不從化陽之

前生起則生機已絕無陰陽變化卽無呼吸浮沉之動

脈何能有氣（從有有喻前生突則氣生不前生突則氣死）故頂前無此腦推出

而穴中直見其頂者固不成地卽有此腦而不從化陽

之前生出則陰煞未化亦不成地（陰有腦而無有即是純）此節論化生腦

或曰篇中引喻人物草木於地理何關曰以其分合向
背之性情與地理同地之生氣不可見故以分合向背
推之地之分合向背亦如人物草木之分合向背也然
非登覽涉歷細心理會難按而知今試以人面喻之百
會山頂也額化生腦也耳與顧顴骨大八字也眉目小八
字也面上肌膚細紋肌理刷開也法令紋蝦鬚水也印
堂平脈不貫頂也山根軟元武垂頭也鼻準豐隆天心
壅突也準頭截斷毡前一魃而脈止也人中葬口也下
領圓唇也法令頰骨之兜收下合也再以花木喻之放
甲祖山之分也未抽條先布葉如有個字方出脉也欲
作榦先分枝如有橈棹方成龍也大葉之内旋主小葉

西泠印社

如大八字內有小八字隱八字也花蒂到頭束氣也花

開開窩結穴也結果聚氣突穴也花瓣之放開上分也

花瓣之抱向下合也眉目法令甲葉蒂瓣俱自內分開

外背內面非自外挿入俱雙雙對分非如不對節草邊

無參差山之明肩蟬翼金魚砂俱當似之反此則假夫

人物草木之與地理同氣而異形萬殊而一致散之雖

分彼此要之可以相通故昆虫物類皆得以取形定穴

亦以形雖變而分合向背之性情則一也

仰覆○此篇常論垂頭出面之有無以證開面之有無

何謂仰覆曰如仰鵞毛寬牽線爲仰如覆鵞毛急牽線

爲覆仰鵞毛與寬牽線寬頓無異覆鵞毛是飽肚急牽

線是直硬二者不同山仰是閒陽獻面陽主生山

覆是純陰襄仰鵝毛毛翮（俗呼鵝）

然無生炁也

脉如之自然有撲前之勢有顧下之情即是垂頭成章（自

云垂頭開而精神所注顧左則穴居右顧右則穴居左顧中則穴居中）

硬脉之形也出脉如之自然有退後之勢無顧下之情

在矬平之有無真假定之矬平之有無真假又在分之

即是不垂頭○大抵頭俯則腰軟自然開頭之垂不垂

有無真假定之真分者顯分成个字之形盪開外層之

硬氣隱分成金之面盪開內層之硬氣硬氣盪開於

兩旁脉必脫卸而軟泛故隱八字之雙下小矬而

有數尺之峻峻前小矬一矬而有數尺之平頂○此論山

脉其平盡處近下看之必是些些突泡頂之前即是化

寬牽線皆軟脉之形也出

急牽線覆鵝毛皆

其泡亦必有隱八字之分有小矬小平遞下凡有微

泡○概指遞脈而言皆分隱八字而隱八字之双口必有微

有有八○微泡有俯方見如小魁顖門之上截脈從此微有俯字隱分遞脈

中遞下者即是脫卸而輒輒之甚者以二三小矬小平

作一大矬大平之勢下面又有總還齦之大平○大矬下又有大平之總還齦方見脫卸之極輒但下面又復有分此處尚非穴場

望之必是一大泡其泡又復有分有矬有平遞而下

脫卸不甚軟者止有數次小矬小平或間中矬中平至關

毬簷下方有總還齦之大平還○脫卸之大平直至毬簷下脈無

然山體不一有三停俱大矬大平而內復圓辱拖起方是總還齦

有小矬小平者有三停俱小矬小平者有頂上二三小

峯小平下截有大峯大平或中峯中平者有中截只小
峯小平上下截有大峯大平或中峯中平者有峯短而
平長者有峯長而平短者有極峯極平者有略峯略平
者有峯不止峻而平極平者有峯極峻而平不甚平者
有峯極長而平在依稀之間遠望如寬牽線有顧下之
情者有峯極短而平在依稀之間遠望如急牽線無顧
下之情者有大小疎密長短不等雜然迭出者雖如此
變化不定聊取其中四者論之以概其變曰大峯大平

疏
小峯小平極峯極平略峯略平而已　○以上概論垂頭以下逐類分

大峯大平者形如長寬牽線極峯極平者形如極寬
牽線其垂頭之情不拘遠看近看橫看對看明眼庸眼

皆可得見後龍數十節如此者必是特達之龍穴山三
停如此者必是顯明之穴然不可多得也後龍十節之
内有四五節如此者亦是顯明之穴畧矬畧平者形如畧寬
一二停如此者亦是特達之龍穴山三停之内有
牽線其垂頭之情近看方見而遠看未必見橫看方見
而對看未必見明眼方見而庸眼未必見後龍雜三五
節於極矬極平之中亦是特達之龍若太祖分龍少祖
父母山三停落脈皆如此龍雖不假決不發揚陰勢不
尊故也○大分龍少祖父母山出脈處俱宜極矬極平以見峯巒聳拔降勢尊嚴龍身長短
貴賤亦略平即畧低小若牽連力量微薄穴山三停之内○太祖分
龍少祖父母山是龍身之三停山頂前化生雜一二停於
腦半山金魚砂臨穴毬簷是穴山之三停

極矬極平之中亦是顯明之穴若三停落脈純然如此

須觀頂前之化生腦半山遞脉之突泡穴後之毬簷不

塌頭而有金泡之起不褻然而有金面之開脈必從隱

八字之乂口而出而隱八字之乂口个對一个貫串而

下者為真若塌頭而金泡不起褻然而金面不開脈不

從隱八字之乂口而出而隱八字之乂口个不對个左

右散亂而下者為假○穴山三停落脈若俱無大矬大

　　　　　　平以个字之貫串散亂辨脈路穴
情真假自力量只隨後龍不以到穴之略寬牽線限之
無遁形

小矬小平者形如短寬牽線又如小鬼顖門之上截矬

平之勢短而隱遠看必不見兩邊隱八字不矬而遮其

中心之矬處橫看亦不見遠看不見其小矬小平之勢

則必類不矬不平之體橫看不見其顙門之有則必類

急牽線之形惟雜數個大矬大平之長寶牽線極矬極

平之極寬牽線者即遠望亦有垂頭之勢可見若其小

矬小平連有數者或十餘次而十餘丈間無稍大之矬

平者其垂頭之情必非遠觀能見也蓋有矬有平之寬

牽線與大矬大平之長寬牽線遠觀而見者固是垂頭

即小矬小平如短寬牽線近觀得見者亦是垂頭惟不

矬不平如急牽線者方是不垂頭然垂頭不出於个字

分金之面雖大矬大平如長寬牽線亦是假垂頭出於

个字分金之面雖小矬小平如短寬牽線即是真垂頭

不可因遠觀不見而棄小矬小平之真垂頭也 矬大平 勿因大平

之寬牽線遂忽略不辨真假故

以有無个字分金之而別之

線與真急牽線相去不遠不可不辯如背駝而陡面寬

而平必金面有拜前之勢〔是撲前即〕左右有內顧之情

頂上明肩中停暗翼齊齊分開不邊無參差不自外插

人性情不側面顧人界水不透頂扣肋〔山頂接脈如雞水必透頂半〕

山無金魚砂水必扣肋○此論有稜有角不破不欹而

山頂而兼及半山遞脈分砂

端正開面○與明肩○承上言自然界水不透不欹不破不欹而開好面也

觀之頂間有隱隱八字如糊筆之刷開隱八字中又有

小矬小平如小鬼頤門之上截矬平之間有短寬牽線

之勢矬平之盡有微突抬起之形脈○但有小矬小平

而微突又開金面隱分八字一矬一平如鬼頤微有頂

故但小矬小平之類急牽

此而上下截有顯明之髮平者有臨穴單見此而上截

而下截○指方有顯明之髮平者有中截○指金單見
　　　　　　毯簷　　　　　　　　　　　　魚砂

行度小星單見無妨在穴山有上截○指頂前單見此
　　　　　　　　　　　　　　　化生腦

上落脈處不宜單見小髮小平之多而遠塋類急牽線

小平於大髮大平之內與上下者龍力極旺惟祖宗頂

俱辯生辯死全在此二三小髮小平別之雜數个小髮

凡出脈處山○分龍少祖父母之處俱是辯龍辯砂到穴處
　　　　　出脈之處俱是

下便是生氣之動反此則假然非明察秋毫不能辯此

左右散亂脈貫隱八字之又口隨其微起微髮之勢而

半山遞脈只有微突俱有隱八字之又口个頂一个貫串而下不

有隱分微○船方如短寬牽線遞下凡有微突
　　　　　落脈小平小平故

前微突開□

有顯明之矬平者有三停均是小矬小平並無顯明之

矬平者俱以上法辯之力量只隨後龍不以此限蓋後

龍非大矬大平龍勢不旺故不喜小矬小平之單行穴

山得小矬小平生氣亦動故不必大矬大平之兼至穴

山有呼吸浮沉之動氣故不必兼有大矬大平若○不然

有小矬小平復有大矬大平者更徵龍脈之旺

惟坐體星辰與寬垣之山臥○寬垣星辰方得兼收而峻急

之山如尖火壁立直木插天突金拱起飛蛾貼壁挂鐘

覆釜等形○此皆立體粗蠢星辰若開面皆在所棄矣

○此節論分龍少祖父母山與穴山毬簷若無分假分

起頂落脈但有小矬小平之類急牽線

者或明肩不全凸即邊凹或蟬翼有缺或外砂歛人或八

字背身硬煞包裹於中間矬平不見於頂下或有一矬

之峻而假堦，無顧下之情，或有一段之平，而平盡無抬頭之突〔山脈飽硬〕。○此論頭前，或雖有突而金面不開，或雖有面而隱八字，無有或雖有有突而又不對，又終如急奉線覆鵞毛面〔故遞脈無生動之機〕。○因化生腦無真分之身，無拜前之勢，即不頂有塌後之形，即抬頭，謂之不垂頭，在太祖分龍爲根本先烱前去，必不成龍。所去必短而不長，在行度星辰爲節龍帶煞，後代行至此節必有凶敗之應。○舊有後龍一代之說一得前後龍皆開面不傷大體，如在少祖父母山爲胎息不成〔胎息即子孫〕。蓋自太祖分龍而來，行度處高大星辰爲少祖穴山〔遠祖遠宗近穴山數節有特起星辰爲少祖穴〕。元武後一節爲父母，則少祖父山皆在穴山頂上〔遠祖遠宗之子孫也，不成者無發生之意〕。在穴山頂上爲塌頭，在半山爲突胸飽肚，在毬簷穴前爲塌頭削脚

穴後不垂頭為塌頭

穴前不抬起為削脚 ○此節論

或曰山之不可不垂頭何也曰分八字之形是開陽獻 真急牽線

面拖中个之直是束陰吐脈隱八字之義下一矬而成

顱門微靣起是陰中化陽氣之呼而沉也有前之脈路一

平而起擡頭微突是陽前變陰氣之吸而浮也此陰陽

變化呼吸浮沉之機相遞而下在性情論曰垂頭在動

靜論曰動氣卜氏曰山本靜勢求動處蔡氏曰休言是 ○此節論出脈

木是金動中取穴楊公曰察其生氣動與不動動則生 垂頭出脈

不動則死氣不可不動故頭不可不垂

或曰葬經但言元武垂頭今祖宗父母山皆欲垂頭無

乃過求乎曰穴左數重皆為青龍穴右數重皆為白虎

穴後來龍諸山獨不可皆爲元武乎然則胸腹之突泡

穴後之毬簷非頭也何以亦欲其垂曰山有泡毬爲垂頭

穴有突爲突頭毬簷亦泡突也突泡毬簷不垂頭到頭

　　突
　　泡突後毬簷之垂頭

焉得有生氣

或曰山忌突胸飽肚則胸腹之間似不可有突泡而遞

脉下來又不可無突泡奈何曰頂下不峣而起突突前

不峣而落脉上塌而下削故爲突胸飽肚若突泡前後

俱有峣有平突泡愈多愈有軟泛活動之勢何得爲突

胸飽肚　　此節論突泡
　　半山突泡

或曰穴忌削脚則山成立體穴下峻者皆非地歟曰所

謂垂頭者不必定如仰鴛毛之平眠斜戤也如仰鴛毛

之竪戤亦是故削脚不削脚不在山之峻與平只在形
之覆與仰至峻之下略還戤便是垂頭至平之後無一
剉卽爲削脚〔後無剉則〕故曰垂頭不削脚削脚不垂頭〔前不還戤則〕
篦所謂還戤者不必定有高起一段亦不必定如平地
只如仰鵞毛之直戤比上山壁峻處較平些而有抬起
之勢便是還戤〔鵞毛直戤上垂下戤〕若塌頭貫頂雖下面有平亦
非還戤但眞地之圓唇平仰如臺盤者十有七八半峻
牛平如斜戤仰鵞毛者十之二三峻仰如直戤仰鵞毛
者百中一二削下而無還戤之勢者斷然無地〔論唇〕○此節
或曰寬牽線之脈不出於个字分金之中已知其爲砂
體宜不結地亦有出於个字分金之中而不結地者何

也曰此大龍方行處之枝脚橈棹也大龍之枝脚必長

若無个字分金之面與寬牽線之勢則不能遠行以作

正龍之護故个字分金之面寬牽線之勢亦間或有之

不能節節俱有也及觀其大勢必側面而顧人亂操織枝葉散

人察其到頭必覆體而不變純陰無陽○不分金面故雖間有个

字分金之面與寬牽線之勢亦不能結地夫覆體不變

易知側面顧人難察欲知其顧人之性情須登

高遠望四面觀之方可瞭然於胸○視高視低視前視後內照經有近視遠

視之說山洋龍穴若止在穴山一看未有不被其朦朧

看法皆當如此

也繼護枝脚此節論枝脚

或曰每見穴山有百十丈急牽線之脈而又能結地者

何也曰此八般脉中之梗脉也乳球氣皮節泡梗塊爲八般穴脉見二卷蠻面

篇只忌透頂如急牽線故透頂出脉者爲貫頂不謂之

梗若山頂分開金面有一矬之峻一瓴之平平盡有抬

梗故曰梗脉然上面須有隱隱八字隱隱矬平脉方不

頭之突又分兩片蟬翼於旁直下數丈遠望似梗木之如

死故不謂之急牽線第到頭還須起微突之毬簷開分

金之穴面毬後毬前俱要有矬平不然則到頭無動氣

雖不貫頂出脉亦不成地○梗脉雖能結地仍以到頭有動氣者方爲眞結蓋

毬後無平何以見其毬之起毬前無矬何以見其簷之

滴簷前無平何以見其氣之吐毬簷無分金之面何以

見其葬口之開不但梗脉當如是凡穴皆當如是也此○

節論梗
脈結穴

或曰山高而矬必有一投之峻山高而矬長者其峻亦

長勢必如急牽線奈何曰所謂寬牽線者合峻下還矬

之平觀之也峻下無還矬之平方爲急牽線有還矬之

平則此長矬之峻正爲還矬張本何得以急牽線目之

然亦要幾個隱隱八字隱隱矬平在此長矬之内非眞

如急牽線者方佳 ○此節論高山落脈

或曰平岡龍何以見其垂頭 平岡龍平坦而不曰高山甚高峻少見起伏

以起伏爲勢而佐之以收放曲折故垂頭之處多平岡

以收放曲折爲勢而佐之以起伏故垂頭之處少然不

垂頭雖有收放曲折無益故平岡龍於起頂分个字之

處得一剎之峻便作垂頭之勢如人仰臥而擡頭顧胸

方能成龍不一剎而挺然平去者必是砂體但高山是

坐體星辰剎常長而平常短胸腹顯有突泡之遞生故

垂頭之形對面遠觀即見平岡是臥體星辰剎常短而

平常長胸腹微有突泡之遞生故垂頭之情近看方見

至結穴處其頂上開面垂頭之下亦須再有突泡

穴後毡簷○分開金面方能吐氣結穴○此節論

或曰橫岡落脉○横龍腰落與大龍行與肩臂落脉者

○從入八字八邊落何以見其垂頭曰橫岡肩臂雖

不起頂而貼平岡之前與肩臂上有化生腦并蟬翼肌

理之分有剎有平出脉如寬牽線者便是垂頭不必定

須有頂○此節論橫龍與大
八字八邊落脈

或曰假如一山分作數條並下俱開面成寬牽線之勢

如何分主從曰只觀頂下頂前○即山與毬後之一毬比他條之毬更甚毬前之一平比他條之平更長毬前有八字水痕平前有攙頭湧突突前有分金之面身不顧人唇圓堂聚者是眞穴兩條相等是並結反此是砂蓋眞龍必翔舞自如旁砂必側體他顧也天山之喜其毬者欲其有垂頭之勢爲下面還毬之張本也喜其還毬飯其起抬頭之突爲下面垂頭之張本也○上面有垂突

欲其起毬垂頭之突爲下面垂頭之張本也○上面有垂突

然還毬垂頭正爲還地步如山頂垂頭出脈生而突
泡臨穴毬毬唇毬兜起皆是下面突上面突下面自見
之垂頭也還毬即是起突下面突起
突正爲垂頭也還頭地步如山頂前化生腦突起可見化生腦

之垂頭半山節泡突起是也可

見半山節泡之垂頭

个字相接之處必有八字摺痕收束其氣使脈路有收

有放而不直硬其頸也○頸即氣束細處平前有抬頭湧突者

因上面有矬有平有分水下面與在旁觀之自成湧突

不必比平處更高一段方為湧突也故凡結穴之山下○

論穴山坦而不峻者頂下與毬後必大矬一矬大平

峻二體○山勢均有大矬大平○山頂下皆

一平毬○後此虎雛似可立穴○頂下

毬後但有微分八字水痕知其脈尚行而未止處凡必有穴

言極峻之山頂下與毬後亦必

有薄口如掌心龍脈方住若大矬者峻處○不可扳援略平者平後

有微分水痕氣脈尚行故頂下○山峻故頂下矬後

大矬一矬略平一平處可以眠坐○

下面方能結穴故不但穴中穴前要平穴後亦

平短長而

頂下之泡俱宜有小　宜有平○穴中立穴後毬簷之處穴前指

平也○後略○頂下之泡即化生腦之突起

非真脈毬簷之後無平者穴中雖平亦非

腦故降脈不真毬簷後無面雖平穴非穴起頂頂下之泡無平者所降

雖有平無益者即是毬陽而平故毬平二字不可相離○

之形上不塌而下不削在个字分金之面中隱八字之

為陰而平為陽陰陽相見方是生氣更要毬處有撲前之勢平處有還翕

义下者方是毬毬後有平要有

前之平雖長不毬而鋪還假簷○毬前平處略毬方見有球不毬而鋪則無簷而見有

假愝葬毬後之平長者其平長大禍稍遲短小者禍至速

破毬者氣必散所聚破則氣散毬前毬處即下而未

停○脈猶未止

簷前平處仰承而氣聚○簷前平處即是穴勿悮認暈前薄口

為平處蓋薄口凑卻下未停處扦穴○即是凑而扦是穴不但減

福恐傷其龍傷龍則故點穴必在簷前平處別○此節分穴山落

峻山脈路路穴情
脈真為并論坦

或曰本山已經垂頭其肩臂直抱可乎曰元武欲其垂

頭者取其勢之撲來情之顧下其兩肩亦須有撲

裡之勢顯出內顧之真情肩臂之外均須有駝出之形

顯出撲裡之真背則本山之垂頭方真否則雖落脈如

寬牽線亦無益也○此節論穴山肩臂

或曰每見中脈只有小矬小平龍虎反大矬大平豈正

穴在龍虎乎曰此當觀其个字分金之出脈顧人不顧

人之性情如出于个字分金之中直自主而不顧人人

來朝我者雖小尵小平亦是正脉出于个字分金之丿

丿側面顧人人不朝我者雖大尵大平亦是旁砂然則

龍虎何須大尵大平乎曰楊公云若是面時寬且平若

是背時多陡岸寬者即寬牽線也平者即有尵有平也

陡岸者即無尵無平而如覆鷟毛也故山面不惟中脉

有尵平即龍虎亦有尵平而山背則不然且龍虎之有

尵平正以顯穴山寬平之正面耳但龍虎有个字分金

之面自主而不顧人仍有尵有平者亦能結地○此節論龍虎

或曰仰者為陽覆者為陰有陽不可無陰則有仰不可

平
尵

無覆今喜仰惡覆何也曰凡山形俱上小下大中凸旁
低其體原覆脉路又覆則孤陰不生陰覆之山得陽仰
之脉生氣方動喜仰者正于覆中取仰忌覆者不忌山
體之覆忌脉路之覆也○此但指陰覆之山而言若山體坦平反宜陰脉總之陰陽變
化方有動氣然則古人何不及之曰廖公云飽是渾如覆箕
掌心裡又云也曾有穴如側掌却與仰掌無二樣雖不
樣醜惡那堪相是喜仰之意在言外楊公曰仰掌葬在
言及覆掌而忌覆之意在言外曰金剛肚蝦蟇背鴨公
頭非忌覆之謂乎曰好格面平方合樣高山頂上平如
掌橫觀落脉寬牽線非喜仰之謂乎然則形如覆釜其
巔可富謂何曰此當與形如覆舟女病男凶並論覆釜

就星體言覆舟就氣脈言星體不忌覆氣脈忌覆故一

好一惡如此然覆釜之山後無寬牽線之脈巔無平仰

之盤何能結地覆舟之山分開金面有毬有平出唇吐

氣奚至爲凶之意此節論氣脈〇總是陰宜見陽

或曰仰覆二字于地理果何關切曰葬覆鶩毛之山必

主敗絕有不敗絕者必別有吉地然凶禍亦斷不免葬

仰鶩毛之山必主與旺間有興敗者必祖山來遠祖遠〇分龍而

宗及少祖山皆是偶有一節覆鶩毛不能節節如仰鶩毛也若

自分龍以至穴山自山頂之頂〇穴山以至穴唇無一節一

投不如仰鶩毛自然發福論仰〇此

或曰前言辯真假以分歛仰覆向背合割八字今止就

仰覆二字斷地之真假則彼六字可不用乎曰無矬無
平如急牽線覆鶩毛者非無个字必假个字非一邊反
背必無背無面非半山無暗翼而割肋必穴前少圓唇
而割脚若節節投投有矬有平如仰鶩毛者必有个字
分金之面外背內面之砂出唇吐氣合而不割故因此
可黍彼六字非謂可遺彼六字也

覆面
毛　鶩
背

立面
仰　鶩
毛背

眠面
仰　鶩
毛背

急面 牽 線背

略面 寬 牽 線背

極面 寬 牽 線背

寬面 牽 線背 短面

塌面 頭 削 脚背

突面 胸 飽 肚背

垂頭之形正面難畫故畫其側面然諸圖亦僅繪其

　彷彿在學者潛心理會耳

向背 ○此篇論護砂之向
背以證龍穴真假

何謂向背蔡氏曰向背者言乎其性情也予謂無向背
則不見性情無稜角則不顯背面稜者分開大八字有
弦稜也 如有稜微起 角者明肩護帶之稍如月角也如
手臂鴛毛之側起外背內面而相向為有稜角內背外
面而相背為無稜角或如手臂鴛毛之覆與仰而不向
不背亦為無稜角外背內面而有稜角者抱來固為向
谿開亦為向如蓮花半開時固向其心至謝時而花瓣
垂下亦未嘗不向其心內背外面與無稜角背面者谿

開固為背抱來亦為背如鄰菜之葉與我菜心相遠固

是背我即蓋過我菜心之上亦是背我蔡氏曰觀形貌

有者得其儔觀性情者得其真原其向背之故只在分之處

真假辦之觀花瓣菜葉無一片不向其心則可通其說

矣花瓣菜葉之必抱向其心者以其從根蒂分出自相

護衛也不然則必有參雜之勢分立之形何能片片外

背內面而相向乎是以知真分者護衛自己故向而不

背假分者羽翼他人故背而不向或雖不羽翼他人亦

不護衛自己而為閒散之砂故無向無背也夫花與葉

之生氣不可見觀花瓣菜葉之相偭而知其生氣在于

心地之生氣不可見觀大小八字之相向而知其生氣

在于內語云下砂不轉莫尋龍其即向字之謂乎但上

砂向易下砂向難得下砂向則上砂不患不向必有地

矣向〇下砂逆轉定有真結其上砂不向者非真穴也此一語豈非

尋地捷法乎今人不識轉字卽是向字背來駞我者怢

砂總以分之真至于六龍方行而未止之處只一重下

假別其向背

認爲轉觀形貌而不察性情烏能得之〇以上論明肩

認爲轉無背無面而生轉抱來者曲轉處亦

重恐是葉交互三重五重抱回來方是真龍腰上做也

砂眞面向裡亦未足恃楊公所謂纏龍尚須觀疊數一

〇此論龍他如朝托侍衛及水口砂星辰之向背則與

此稍異亦以分大小八字腰軟而肚不飽外背內面者

爲向無大小八字肚飽而腰不軟內背外面者爲背即

非背來駝我無正面之眞情向內者亦爲背此皆不關

地之眞假但減龍之福力○鑽　論衛護　若後龍星辰之

小八字不相向或有一邊向人者爲假穴後龍之大小

八字相向而兩邊送從纏護砂有一邊不向者雖是龍

必非正龍兩邊之送從纏護背向而穴山之大小八字

有一邊不向者雖有穴必在他處穴山大小八字兩邊

送從纏護背向而朝山不開面相向者必是枝龍而非

正榦水口山不轉面向裡者必是借用而減福力水口山有

不向內者穴中不見亦可○此

論龍穴纏護兼及朝案水口○山祖山分龍兩邊岡阜向

多者龍旺橫龍降脈背後孝順鬼逆抱者穴眞〇此論分龍處之護砂兼及橫龍後鬼入穴見向而遠觀似背者非龍遠觀似向可取外雖似背而內無稜角相向者可棄不向左不向右而節節鷘毛蘸再得左右砂相向雖旁龍亦可取裁或向左或向右而形如側手臂左右砂更有一邊背我并本身亦爲砂體本身龍虎向而外層背向者地大外層不向而本身龍虎向者地小〇此論體認內外遠近之向背分別龍穴眞爲大小有等龍虎氣旺曜氣飛揚自本身龍虎一向之外卽飛揚而去得總纏護水口山面面相向而抱住其飛揚之砂者反爲大地此當求之尋常識見之外然亦當觀其

祖龍何如若祖龍行度節節開面而分龍出帳過峽之

處兩邊迎送纏護重重相向者方可〔曜氣〕○此論又有一等

龍身於始分再抽之際兩邊護從岡阜向者甚多至結

穴處但得水纏並無護從只有一股陰砂僅堪葴穴亦

為大地○有水環繞〔嫌護砂微薄〕不故向背之本在分龍作祖之處

穿帳過峽之時而到頭之向背特其標耳○此論結穴〔護砂單薄蓋〕

地應以到頭真向多者為貴〔指出洋旺龍而言若山谷結〕又有一等旺龍枝枝結果

節節開花一局之中結數地數里之中結數十地其砂

必各自顧穴何能層層向我而不背〔作多有成魚尾砂只兩邊之護衛只〕

好論其本身之枝葉不顧人而向自已有星面穴面便

是美地其外層皆自去顧穴何能向我只要借用得着

湊拍得來像個局面不斜竄壓射便佳亦仍以真向多

者為勝龍結穴〇此論旺 又有一種怪穴後龍之開面垂頭臨

穴之結臍吐氣甚真突〇結臍詳乳鉗篇 而龍虎狀貌反背而

去是者瞿氣飛揚 以常見論之何能成地及細察之其反去之

處有隱隱褶紋抱進或層層石紋裏轉者亦成真穴如

反肘粘高骨鷺鶿晒翼雁鵞反翅諸形是也然非蓋堂

之證驗垣局之會聚者不可 只取唇口堂砂為證〇大地方成垣局中小地

論龍虎

反背

坤道珠璣曰眾山拱向似乎有地然要辨其真假既曰

拱向復有真假于何辨之在乎識背面而已楊公曰若

是面時寬且平若是背時多陡岸凡山之拱向者果皆

有寬平之面在前更有陡峻臃腫之形在後乃見面向
我背在外是眞向也若反此而狀雖向我其實無面便
不爲眞向向主山不眞主山便不結地故看地當內看
外看也內看者立于作穴之處看四面之山及本身左
右皆有情向我否若眾山無情向我便結穴不眞外看
者四面之山儘有穴內見其向我穴外觀之乃反背無
情走竄他向穴中所見向我者便非眞面向我者假便
非眞地故內看不可不外看也但形貌背而性情向者
外觀雖反背內觀則有情龍穴砂水件件眞的又不可
執外觀之法而概棄之蓋大勢反去爲形貌背石紋裏
轉爲性情向如上所云鸞鵝晒翼等形是也故石紋之

向背更宜細看〇統篇大旨總以識背而全在察性情
之顯然者更論及內外看為主真分假分與石紋之向背是性情
法龍砂向背自無遁形

護砂向背圖

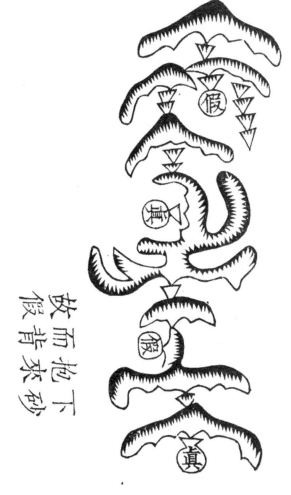

收而抱下
假背來砂

西泠印社

後鬼逆抱護穴　餘枝廻護

合割〇此篇論砂之分合以證水之分合水之

割可見砂之斂脈穴眞假均于此辨之

何謂合割曰有分必有合無分而斂者必割之義

有四如山頂化生腦有蟬翼或肌理刷開之分則水痕

必在蟬翼肌理之外分開如入字爲界出脈之水脈出處

有分砂水必兩分水分若無此分水必夾脈而透頭謂

脈降故曰界出脈水

之割脈水○頂前無蟬翼

水痕必在金魚砂之外分開如八字為界行脈之水

而扣肋謂之割肋水毯簷有蟬翼肌理之分則水痕必

在胖腮外分開如法令紋之合于頷下

水入脈若無此分則穴腮必不胖水必夾脈而斜合于頷

下謂之割脚水不胖○有穴

隱隱界水在唇內斜過上

不從本身鋪出○餘

高起鋪來○此一邊界水在穴前斜來水或兩邊俱高起鋪來而隱隱界水在餘氣內合于○穴前餘氣不真兩界合餘氣之內爲割脚而合或窩鉗穴一邊牛角砂非本身分出界水穿膊斜流穴畔總謂之割脚水少○乳突少一邊牛角砂界水從穴旁斜流以及餘氣不合或大小八字一臂（山言指穴）○穴被旁頂之砂自外插入其枝縱中必有水痕穿入謂之割臂水割脚水不必兩邊齊犯即一邊犯者斷不成地其割臂割肋水間有不忌者必山頂與穴旁之蟬翼俱全脉路如寬牽線之軟魚○半山割肋得脉路如寬牽砂如花瓣之極向其透頂割脉水線者水從剉平兩邊分去故可不忌旁砂後龍只犯半邊亦間有不忌者必穴山頂上之大八字

吳氏聚珍版

半山之金魚砂到頭之穴面脣裀俱全脉路如寬牽線

之軟左右砂如花瓣之相向但割脅不忌者不拘後龍

穴山數百中嘗見一二若透頂割脉之水只犯牛邊不

忌者後龍數百中亦嘗見一二在穴山則少見山可犯割脅穴可犯

山不可犯 穴犯此者如人少一眉一目如花少一葉一透頂割脉穴

瓣必非本體定有損傷須仔細詳審不可以為當然而

漫取之割字之義盡之矣合者真地有兩水合假地亦

有兩水合○上有分而下有合者真○上無分而下有合者假

不可全憑水之合也只有兩砂兜收為合但真地有兩合固不可無水亦

砂兜也假地亦有兩砂兜收○穴後毬簷分明穴前圓長托起兩砂兜收其脣者

則為真○合固不可無砂亦不可全憑砂之合也是假亦有兩窩坐窩

西冷印社

砂兜

惟有圓唇之兜收乃可稱合之真葢分合乃氣之

行止非中圓背上○中圓即穴暈背上者也

下之分氣胡為而行非中圓背下○暈前圓唇托起故曰背下如

兩角收上之合氣胡為而止分如上弦之月魄合如下

弦之月魄分如鼻旁之法令合如口下之下頜分如臍

上之胸肋合如臍下之小腹而月之心腹之臍面之人

中是分合之中心為生氣聚處故穴旁隱砂兩角拖下

而未收上是氣行而未止兩角收上而不拖下是氣止

而不行但圓唇之內要平如掌心而可坐匝水○圓唇如

掌心處即是小明堂可坐匝水聚于此也　圓唇之邊要有弦稜方

者言暈旁周匝水聚于此也

平有唷而不削水設如龜背牛鼻而水分水削雖兩角收

上亦非眞合（如龜背牛鼻則無如心之小明堂脈何能止）然有圓唇之合而兜抱其唇之兩砂又不可少不然大界水扣割而來謂之有唇無襟無合襟之水兜抱其唇爲割襟（無兩砂則）故論合者常以圓唇之合爲主次及砂之合水之合（合者相交之義义字相）可也但水有三合一名三义水（交○合之形三合故曰三义）之義义字相毬簷之前圓暈之旁有隱隱水痕合于小明堂旁爲一合水（即蟹眼○水）金魚砂之肋下分小八字水遠穴腮旁而合于唇下爲二合水（○即金魚水又名蝦鬚水 鬚水詳後卷蠻面篇）山頂前蟬翼肋下分大八字水繞金魚砂外合小八字水繞穴腮外而共合于內明堂者爲三合水（○即蝦鬚水故此論合水爲主故從毬簷說到山頂但前言山頂分水全）化生腦蟬翼外此言合水在山頂合水（說不同實則一從砂背來一從）砂背來至下則合而爲出至下則合而爲

雖無水長流均有隱隱薄跡龍虎兜收者必有交襟之
水其合易見龍虎綽開與無龍虎者山麓一片坦平又
無交襟之溝惟有明堂低處可意會其合即是合處三
<small>低則水聚三</small>
合水之起溝處即是三分水流注之源故有三分水必
有三合水不必定有明水交處方爲合也其有明水交
者除本身有龍虎外<small>故有明水龍虎界深水</small>惟隨龍大界水合于外
明堂然此水橫局合於左右逆局合於背後順局合於
穴前本身有餘枝數里者其水合於數里之外不可必
兩水大合處爲正龍蓋盡結也

<small>一內予同流只此一重水耳惟貼大痕影水
自成分合不與蝦鬚二水聯屬閱附圖自明此三合水</small>

山洋指迷卷之一

吳氏聚珍版

右圖正龍腰結有餘枝故兩水大合數里外

陽脈結穴之圖

毬簷背上

拖下　　拖下

中入圓

收　王

陰脈結穴之圖

中○圓

圖唇背下

附正
體星
辰分
合水
之圖

此半山突泡

此臨穴毬簷

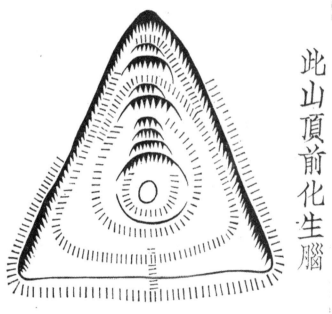

此山頂前化生腦

附乳
突穴
分合
水圖

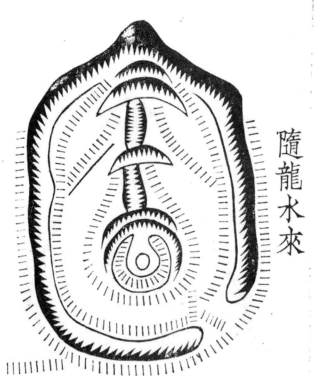

隨龍水來

隨龍水來

附窩

鉗穴

分合

水圖

右三圖第一分從山頂蟬翼肋下分來卽蝦鬚水第

二分從牛山金魚砂肋下分來卽金魚水亦名蝦鬚

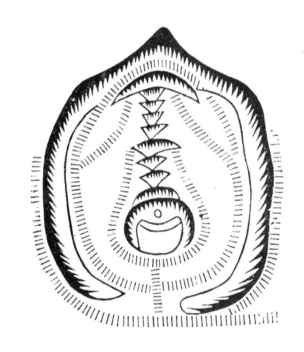

水第三分從毬簷下穴暈兩旁分來即蟹眼水三分

水合于小明堂爲一合水二分水合于唇下爲二合

水一分水合于龍虎內之內明堂此指正體開腳星辰穴

界水合于龍虎外之外明堂爲三合水隨龍大

山高大地步甚廣脈路牽連長遠者而言若穴山低

小脊脈間斷本身不開口穴結山頂屬處與側鉗邊

鉗穴法惟有貼穴小分合水然亦有股明股暗之不

同其第一二重分水在後龍過脈跌斷處見之如開

腳星辰龍虎有饒減而穴山地步無多者蝦鬚金魚

二水或邊分邊併唇下亦不能定有兩重會呑蓋山

體不一穴法多般前圖惟繪其規模在智者善於窺

測耳至內外明堂之水皆會合而流惟小明堂水本

屬微茫雨過滲入土中設遇大雨溢出從唇上直流

者卽是破唇

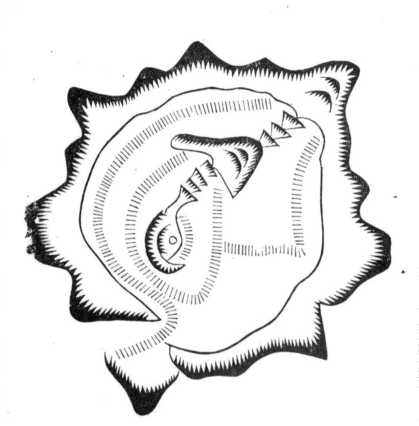

吳氏聚珍版

附邊窩穴分合水圖

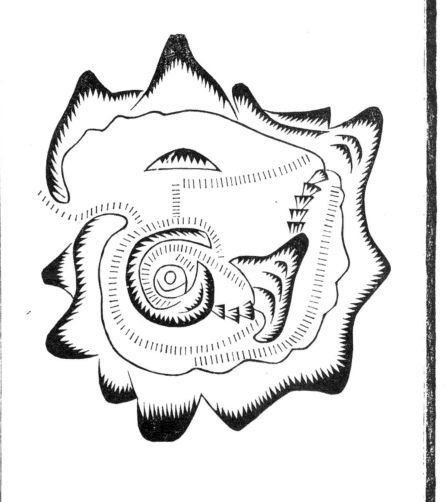

縱橫下〇論開帳過峽後卷各有專篇此二篇因論佔地步而言其大略

何謂縱橫縱者龍身委蛇起伏向前奔行也橫者開屏

列帳兩旁分佈也二者均不可少然佔地步偏重于橫

蓋惟有帳能佔地步有蓋帳羽翼者爲龍無則爲砂蓋

帳大而羽翼多佔地步廣者爲榦龍蓋帳小而羽翼少

佔地步小者爲枝龍大帳前垂兩角包裹重重小帳于

內力最大包裹開面星辰次之但豁開而不包者又其

次也一縱一橫爲十字帳借縱爲橫爲丁字帳借橫爲

縱爲偏出帳邊多邊少爲不均帳其勢張揚飛舞者龍

行未止收斂回頭者龍行欲住是大小行止皆辯于橫

也但行龍直來而橫開者無幾大都借縱爲橫借橫爲

縱者居多況縱橫互借閃巧轉身層見疊出地步始廣

枝葉方茂結作多而力量大若直串而來旁分枝葉縱

橫不借者一龍只結一地○上言直來橫開者即十字

穿心帳惟大幹龍有之此言

乃無帳枝龍
直串而來者

收放

何謂收放收者跌細過峽也放者放開枝脚也大極收小小極

放大陰陽變纏護迎送開帳皆放中之事攏龍之鶴膝
化博換之理小極

蜂腰支龍之銀錠束氣皆收字之別名蜂腰旁之蟬翼

銀錠旁之陰砂乃放中之至小者蓋不收則氣散而不

清健不放則氣孤而不生長猶火筒與風箱必小其竅

而風力始健又如草木必放開枝葉而花果方成故善

觀地步者必于峽中觀之李氏曰跌斷非峽謂夾以兩山而無迎送少砂雖跌斷不爲峽〔途○行龍跌斷多者前必眞惟跌斷結作〕

謝氏曰無關不成峽謂峽旁無水口又無迎送交鎖之砂以關其峽水也何潜〔而不開面中間無微高脊脈此去定無融結不惟不得爲峽也〕

齋曰神仙地理無多訣未用尋龍先看峽峽中須要有明堂内峽外關堂氣結結得深時垣氣眞結得淺時垣氣泄言峽有迎送關鎖砂兩旁自有聚氣明堂方爲好峽結之淺深者謂迎送關鎖砂之多與少密與踈也觀此則峽中地步可見矣

附迎
送關
鎖過
峽圖

關

砂　　送
堂峽明
峽　岐

關

偏全○此篇論垣局大小下篇論
龍水聚會申明佔地步之意

何謂偏全兩邊皆大江大河夾送而垣局水口纏護蓋
托皆本身自帶者爲全局而地步廣一邊大水一邊小
水夾送或兩邊俱小水夾送而垣局水口纏護蓋托半
借外來湊拍而成者爲偏局而地步狹全局偏局之中
又各有大小數等可推而知夫纏護蓋托不假外來湊
拍者數百十之中猶有一二垣局水口欲其不假外來
湊拍者非大幹龍不能故天下全局最少偏局最多

聚散

何謂聚散曰龍身垣局明堂俱有聚散不但砂向水繞
爲聚砂背水走爲散也龍身之聚散以幛論龍之來也

如層雲疊霧合氣連形遠大者千百里近小者數十里
橫亘綿延或以五星或以九星聚而不分謂之聚嶂○
龍至此旺氣一聚羅列羣來既聚之後分枝劈脈幹從中
峯故曰聚嶂即太祖也
出枝向旁行過峽穿帳兩邊各起峯巒或天弧天角或
旗鼓倉庫叢聚拱護謂之行嶂來應既遠必有住處如
貴人登堂僚佐屬官排列拱揖又如行人抵家骨肉團
聚謂之坐嶂有此三嶂其龍乃旺不然孤單無從非散
氣而何坐嶂之處卽垣局之所四面八方之龍皆于此
住四面八方之水皆于此會者爲大聚一二面之龍於
此住一二面之水于此會者爲小聚千百里之龍于此
住千百里之水于此會者爲大聚數里數十里之龍于

一〇七

山洋指迷卷一

此住數里數十里之水于此會者爲小聚不論大聚小聚終是大家所共還須各立門戶自成明堂以爲貼身眞聚方可門戶者龍虎近案水口下關也要外背內面相向有情明堂者穴前之小明堂龍虎內外之內外明堂也（内明堂即中明堂在龍虎內　外明堂即大明堂在龍虎外）要不傾不側窩乎容（中水）聚蔡氏曰大勢之聚散見乎遠穴中之聚散見乎近二者有相須之道焉故大聚之中有數十龍並住小聚之中有數龍並住均有門戶明堂亦皆成星開面或嫡傳反隱拙支庶反魁梧欲辯其敦輕敦重須觀其始分再抽之處（始分者分龍之來再起高大星辰也　分龍出身也再抽者）護從岡阜向者多而出于聚巃行巃之中榦者爲最貴不然雖居大聚之

皇興氏聚珍版

中只得小聚之力故善觀地者於始分再抽之處已知
其得水得局之概矣

吳西泠印社

山洋指迷原本卷一終

山洋指迷原本卷二

周景一先生著

姑蘇俞歸璞

山陰吳卿瞻　增註

開面異同

或曰五星九星千變萬化豈一開面盡之乎抑開面亦
有不同乎曰星辰雖變態多端而眞假只決于開面如
貪巨武輔太陽太陰天財紫炁金水等吉星不開面則
凶破祿廉文天罡燥火孤曜掃蕩等凶星開面則吉蓋
吉凶不決于星體而決于開面況星辰之變不可勝窮
惟開面自合穿落傳變之吉格不開面則成粗頑破碎
之凶龍但山之開面有隱顯橫偏閃巒深淺大小多寡

特降牽連開肩乳突窩鉗之不同耳此而明之雖千變

萬化無不了然矣

按廖公穴訣云穴星又有八般病有病何勞定斬首

折痕項下拖碎腦石嵯峨斷肩有水穿膊出剖腹胸

長窩折臂原來左右低破面浪痕垂陷足腳頭窟入

水吐舌生尖嘴此是星中大有虧悮用禍相隨穴面

又有八般病有病皆惡症貫頂脈腦上抽墜下脈過

腳行絣面脈橫數條飽肚脈覆其樣受煞脈帶石來

斬斷脈坐下崩吐煞脈長死硬失序脈不分明莫言

立穴太精詳凶吉此中藏是皆不可不知者故附錄

於此

隱面顯面

隱面者即正體星辰分隱而脉亦隱故謂隱面以其得生體之正形故曰正體如覆釜金鐘頓筆笏列屏几之類是也顯面者即開脚星辰分顯而脉亦顯故謂顯面以其大小八字俾落脉井然有條故曰開脚如人展臂如同開翅如菜葉之護臺是也二者雖隱顯不同頂俱要有化生腦節包隱分顯分背面稜角八字不可邊有邊近無星辰不可邊凸邊陷如上卷所論分歛仰覆向背合割之宜忌則一但正體星辰最忌脉春透頂為貫頂界水透面為破面開脚星辰則有忌有不忌者若山頂前化生腦有蟬翼界水在蟬翼外分開而不扣肋透頂

之脈如寬牽線者不忌若無蟬翼界水扣肋透頂之脈
如急牽線者即爲貫頂破面蓋顯面之脈要如寬牽線
軟弱而下有大剉太平方佳或有顯明突泡起伏者更
妙隱面之脈要如泥中隱驚灰中牽線頂前微剉剉前
微平平前微凸隱隱躍躍脈出隱八字之叉口而隱八
字之分心即脈之中心于顯面个對个而來者方眞若無剉平而一
條眞下之。○顯面之脈言或模糊飽硬者○承隱面之脈言俱無融結
正體星辰除大八字顯分外但有肌理隱分不必護帶
蟬翼即有亦在依稀之間微故但有肌理隱分開脚星
辰之須有蟬翼護帶顯然可見即無護帶必要蟬翼此
爲異耳

橫面

撞背直來人所知也然龍之轉身最多有方直行而脈

忽橫降者有方橫行而脈忽直降者總爲橫面其大八

字卽以來去橫岡爲之不似撞背直來者自分大八字

然亦要近身有大八字之稍垂下對着不知其爲橫岡

而像大八字方眞起翼顴（開肩上突起如顴是也）（大八字兩肩如鳥翼分而）

垂下長者爲有力大八字少之外又有護帶窟開而相向

者爲妙護帶多者更佳（說〇護帶多者可證龍力之旺〇大八字外護帶指來龍枝脚）

但來水邊之護帶不患不相向而患不窟開一順斂者

非眞歇〇（從來水邊直生去水邊之）（雙無抱向之情）去水邊（蟬翼肌壅之分）

患不相向一順背者卽假反〇（向去水邊）（蟬翼肌壅之分）

亦然橫降處無大小護帶者乃大龍方行之際非大聚

之處何能結地若大龍將盡未盡枝枝結果之處雖無

大小護帶得貼身有小八字之分成分金之面有矬有

平而降〇大龍方行山體粗老橫降處無大小護帶必旺故不必有大降者小矬小平橫降者氣脈已淨化已淨砂水聚會之間但得前途博出大八字之星辰者

亦能成地但力不大〇橫面亦有隱顯二體當與隱顯面結故力不須得後龍有大八字痕以下論穴法　分　凡橫龍結穴

而有降脈者不論有頂無頂凹腦均不忌後宮仰瓦氣

鍾于前故也〇氣鍾于前故上面有脈降下與後宮仰瓦氣的可不論惟無降脈而貼脊橫担結穴者忌頂之無為〇橫担貼

脊者扦于山脊矬前平處因其凹腦全無落脈背後不

無降脈故穴後均宜有頂

仰瓦者反假○元真子曰天財兩頭齊峙護托高穴在

後發宮仰瓦者大全云橫龍天財穴氣感處

于前俱仰瓦取兩邊樂方須龍虎近案是

蟹眼唇氈後有鬼樂也但如銀錠束腰者

過脈融之所起承上橫龍一字降脈之平者言

何能結起頂平頂者○平頂者如一字背之平者言駝背

亦可仰瓦亦可扞○橫龍穴後有頂如駝背仰瓦均可穴

真穴也頂非○得背後有逆轉之下砂外背內面如孝順鬼

者為真○可不論但鬼樂背仰瓦樂必不可少蓋橫龍要四伏不牽

擔顧而不他向也

前後左右砂俱向回頭

○下砂不轉龍勢尚行故曰尾搖撼龍經云龍巳住者

背後之下砂不轉則尾搖而未定

○君何似知我行尾星搖動不曾停是也

則不拘此縱龍勢尚行開面真者亦不拘此但不如背

後砂逆轉之力重者○橫龍穴背後下砂逆轉者是偏結轉其背後之

樂托抽出一條轉面向裡者亦作鬼論山有峯高峙為之

○穴後另起之

樂低平而不抱左右者爲托
環抱向穴者撼龍經稱爲陽

若樂托之山生出一枝順
帶鬼故曰亦作鬼論〇

水向外者兩邊俱是橈棹
〇橈棹即枝脚抽出之砂一指穴山言

砂本身亦是
今人見雪心賦忌後宮仰瓦每將眞地惧棄

而後面之橈棹竟作鬼論故表出之如橫龍有降脈者

原不拘後樂有無惟無降脈而橫担作穴者必須托樂
〇橫担穴逆于山脊有等橫龍降脈處不惟無頂反生

中出落下一段方起小突爲化生腦山下對看只見其

凹潭如小窩近窩之背上微牽一線之脈隱隱從凹潭

腦不見其凹此化陽之極而生起此腦下面結作必眞

如惧扦上面窩處即是傷龍
〇此論橫龍有蔡氏曰橫
降脈之變格

担橫截無龍要葬有龍
故〇當插入而扦亦此意也神實經曰貼脊平頭脈短此

為無降脈而貼脊結穴者言若有數丈降脈當與直撞
直奔者一體裁制慎勿提高鬥煞其橫擔結穴者亦要
有化生腦○貼脊全無降脈橫擔略有矬平故宜分開
生腦下此以腦為毬簷者也
金面有矬有平圓唇托起不然雖左右有情無益

來

去

送護開
相帶水
向餂甾邊

分肌去
相帶水
向餂甾邊

分肌去
向餂甾邊

來

相稱來　下禰去　理來
向斂水　砂反水　斂水
假入邊　不背邊　入邊
響護　轉即護　假肌

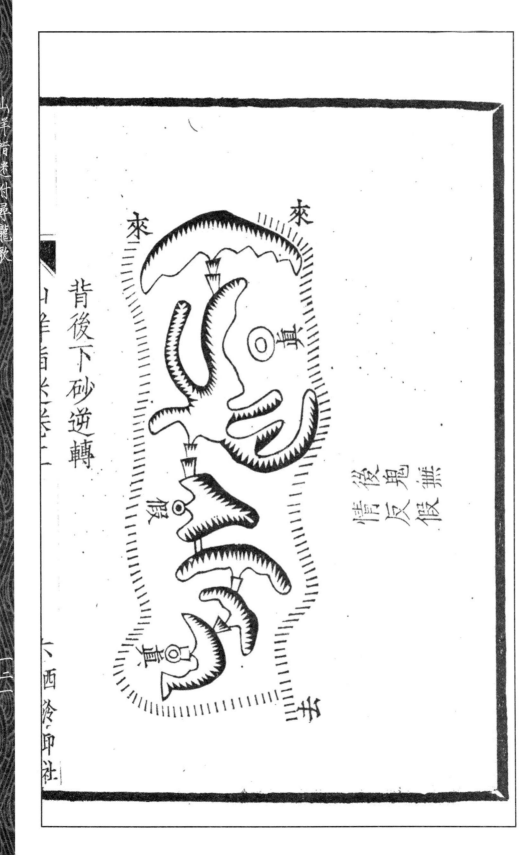

背後下砂逆轉

大西泠印社

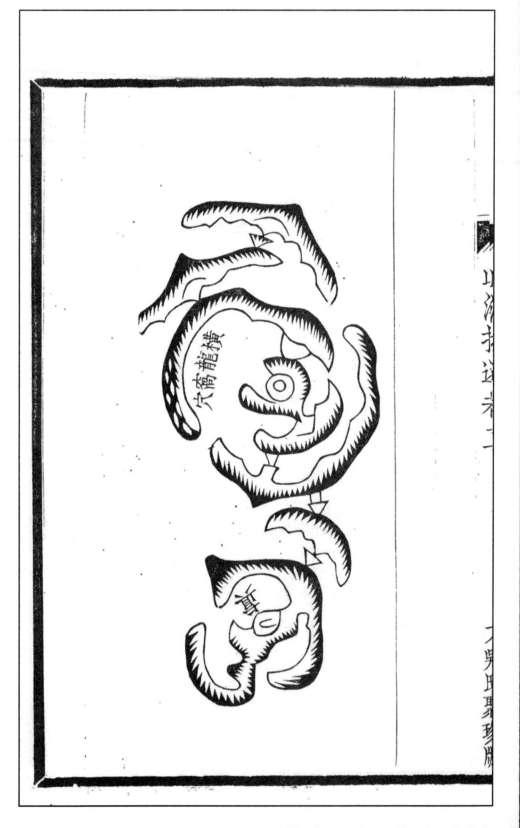

偏面

對頂中出人之所愛然龍之偏降最多有偏至肩臂出

脈者有偏至掌後腕骨出脈者有橫來巳起中頂然後

偏過一邊肩臂出脈者有尚未起頂先從肩臂出脈者

皆為偏面其自中頂偏過左右出脈者中頂不必分个

字下來即借中頂那邊一股配我這邊一股為偏中个

字之丿乀只要貼身有蟬翼或肌理刷開分成金面于

大八字之丿乀半邊而近中頂邊之砂豁向中頂邊去

者為真若斂向出脈邊來便假 偏面亦有隱顯二樣當參看其偏出 與隱顯篇

中出之輕重

後有 端篇

偏降之圖

過中頂
出脈

此砂蜜向
東頂邊去

借中頂砂
之ノ配左
邊之ヽ

開
蜜
砂
頂
中

附圖

中頂砂豁開相向真

中頂砂歛向出脈邊來假

西泠印社

閃面

子微曰眞龍閃巧轉身多豈惟直串爲可據言龍之閃

也楊公曰候葬每因求正面不扦渾是葉偏坡言穴之

閃也蓋閃龍如瓜果不結于正籤正輨之身而結于子

籤子枝之上閃穴如瓜果不結于子籤嫩枝之正而結

于子籤嫩枝之旁故山脊中出而穴每旁扦山脊橫飛

而氣每直出勢遠奔而腰間潛渡形顧內而腕外偷踪

有頂而透漏于無頂之處有脊而潛隱于無脊之坡非

故閃以示奇亦勢之不得不閃也蓋有脊處硬不得不

借脊爲出煞之所而別閃于軟處對頂處死不得不以

頂爲分開之砂而旁閃于生處生氣喜包藏而山之盡

處抛露不得不接閃于中腰生氣喜止聚而山之盡處

走瀉不得不抛閃于平地腕內堂氣傾側不得不走閃

於腕外之聚處正身不開面不得不偏閃于旁枝之開

面處大抵閃脈之出無正頂之起無大八字之分無脊

脈之露惟有隱隱分金之面微微㘴平一呼一吸之動

氣可細察而得〇動氣詳窩鉗篇然閃龍來處無開面星辰

疊出者不真閃穴止處無唇臍堂砂証穴者必儗以是

交相驗之閃穴似不難知但星辰與唇臍堂砂無動氣

不靈動氣二字雖似難明試將分斂仰覆〇此二篇為認脈見穴眞偽認

之與葬書乘金相水諸篇上〇神寶經曰三合三分兩片兩翼相水者不拘何乘金之義

要與葬書乘金相水諸篇之中木也印木者不相水者不拘何

水印木之情接乘金者乘㤗水之分合也穴土者穴取坦緩眞

星坐穴左右兩肘必長曲直內抱即貼穴護砂隱
顯不同亦必曲抱穴曲直者木也印者證也細細

揣摩○閃穴亦怪穴之類然怪穴總不能逃于分歛仰
之外故教初學者細揣其認龍點穴
之要訣也

遍覆名墓以証之自可豁然貫通正者如是閃者
亦如是矣

蠻面〔○此篇論砂水分合處
當與首卷合割篇叅看〕

偏面〔○此篇篇宜與叅看〕

地之眞假只在開面與否開面者粗蠢亦眞不開面者
文秀亦假其出人秀蠢在後龍星辰論不在穴山論也
謝覺齋曰突金粗蠢號蠻脈宜認蝦鬚氣與珠開見節
包并梗塊時師休要用心圖若是朗梳鉗面出隨他脈
路取功夫此是天然眞正穴如能明得卽無虛又曰蠻
脈穴法最為難認取蝦鬚蟹眼安單股水隨纏繞下三

双五度要廻環之水腰太粗太蠢皆為假便粗蠢不開面股明股

暗別一般左右枕歸流水取界水明邊扦穴斯文留與子孫看豁

蓋蝦有六鬚四短兩長離水俱竪起在水則二長鬚豁

轉向後如八字其鬚尾畧轉抱身試放活蝦于清水盆

中自見長鬚抱轉以蝦鉗為鬚惧也今以蝦頭向上比

穴山蝦尾垂下比山坡蝦身北穴脈蝦鬚北山頂前蟬

翼與半山暗翼肋下所分之痕影水除毬簷之分不論

外上面分一重暗翼當有一重蝦鬚砂即有一重分水山○穴山有一重分水

若連毬簷之分有三分而入穴者當有兩重蝦鬚水山砂即有一重金魚砂肋下分來一重金魚砂肋下分出即此從金魚砂

頂蟬翼半山金魚砂臨穴毬簷此砂之三分也一重水在金魚肋下分來一重水在金魚肋下分出即此從金魚砂魚水又名蝦鬚水但入穴一重為最要肋○此分出即故曰兩重蝦鬚水

簷後之分水穴之真假全在乎此以上論　蓋第一重蝦

分砂以證分水以下論。鬚水以證分砂

鬚水當在山頂前化生惱之蟬翼肋下分出卷合割篇

要半山微突之暗翼逼開使其如八字樣繞金魚砂外

而下若頂上無蟬翼半山無金魚砂界水必夾脈透頭

扣肋一直而下何能如蝦鬚之分開第二重蝦鬚當在

半山暗翼之肋下分出要毬簷之胖腮逼開使其如八

字樣繞穴腮旁　簷之分砂

暗翼毬簷又無胖腮界水必扣肋夾脈割脚直下又何

能如蝦鬚之分開故蝦鬚之有無在暗翼穴腮之有無

主之半山暗翼所分之水又名魚腮水蓋暗翼之貼脈

如魚腮之貼身暗翼肋下之分水如魚腮之吐水也然

一尖之下無還歛之平則水不分故兩旁之暗翼拉下而低垂中間之脈路一平而頓起肋下方有摺痕如蝦鬚之分去若脈路無尖無平與兩旁之暗翼一齊拉下肋下無有摺痕界水必四散流去何能見其痕影之蝦鬚故蝦鬚之有無又在尖平之有無主之穴○以上難論脈實論山頂與半山之來蓋脈無分水不清也其平盡之還歛處在山上步來未曾另有高起在下面與兩旁看之必高起一塊總名之曰突泡分而言之微微鋪出如鋪絪展褥之形者曰氣如牛羊乳之垂者曰乳小巧圓淨如珠之流利者曰珠些些突泡生于曲動處如食指根曲轉之皮者曰轉皮橫湧粗潤分節而來者曰節如胞如肚者曰包如

木之條而長垂者曰梗一連數塊而間斷者曰埤此出

脉之八般名字珠乳氣皮隱微之脉也節包梗塊顯露

之脈也非突金粗蠢山八般皆是好脈在突金粗蠢山

出珠乳氣皮隱微之脈是粗中細結作必眞出節包梗

塊顯露之脈是粗中粗必無融結是純陰不化然果三

分三尖三平而來復有微分微尖微平呼吸浮沉之動

龍粗脉粗即

氣者雖突金粗蠢之山出節包梗塊之脈何妨有此陰

不妨脉之粗蠢〇此以上八者在半山遞脉爲突泡在

節論來脉隱顯不同　陽變化

臨穴之處爲毬簷即蟹眼也蓋蟹眼者毬簷之別

名欲其圓淨如蟹眼不可破碎欹斜欲其垂突如蟹眼

不可塌落不起欲其柔嫩如蟹眼不可粗頑不變欲其

截斷如蟹眼不可陰脊仍要人顧名思義故以蟹眼

名之楊公曰中有蟹眼的不可轉吳犀精曰落時蝸角

轉在處蟹眼垂○者毬簷有垂頭之勢蝸角臨穴之陰之砂蟹眼

也然不可禿光如蟹眼須要有分金之面皆指毬簷訟論詳乳突窩鉗篇○此節論

簷又謂一滴蟹眼水者乾流之少也○一滴言其以毬前一剉作垂

頭之勢必有高低之墈如簷之滴下即所謂簷也其分毬

開之兩角不剉而中心獨剉則簷下必有隱隱微平分

開痕影水繞穴暈旁暈前亦必有隱隱微屬可坐匼水

○坐者聚也匼者週也言穴暈旁週匼水即所謂葬口自毬簷而下兩邊分垂聚暈前微屬處也

也簷下平處為穴暈暈前微屬因毬簷各蟹眼處為小明堂是小明堂在葬口內也

故毬簷下匼水亦名蟹眼水而一脫出隱八字之兩片即一說毬簷分金開面一剉

是蟬翼，翼內隱隱摺痕，水抱其蟹〔眼故名蟹眼水〕。今人強爲之分，以乳突長而影水短者爲蟹眼，又以蟹是橫行，左行則左眼明，右行則右眼明，水之股明股暗似之，故曰蟹眼水，然總是痕影水而巳，不必多方辯說也〔蟹眼水〕。蝦鬚乳突短而脈潤，兩邊痕影水長者爲蝦鬚，脈狹兩邊痕影水長者爲蝦鬚。〔○一邊股明痕影〕言單股水隨纏繞，下者〔水界脈紆徐而下〕言粗蠢山之痕影水必股明股暗，故曰單股。三爻五度，要廻環者，言三合水宜屈曲而去，不可合掌直牽，無蝦鬚之分則爲太粗太蠢，如有股明股暗之蝦鬚，又不嫌其粗蠢，故曰別一般。點穴當就界水明邊，以生氣在于薄處，故曰左右枕歸流水。取二水明邊〔勢自微薄爲蠻面，山生動處水遶水者亦傍砂點穴之意，朗梳鉗面二界○。即是砂抱枕歸流水者，亦傍砂點穴之意〕。

句言粗蠢山不出乳珠氣皮之脈但齊分數股如梳齒

形而成鉗穴梳齒稀朗似鉗之處不少當認其鉗中有

陽脈者為眞穴故曰隨他脉路取工夫鉗中陽脈詳乳

謝氏二詩前一首論鈄平突泡鉗面以龍上分砂證脈○按

後一首論單股三义以脈上分水證穴全篇統解二詩

之意但蝦鬚蟹眼及來脈隱顯

几穴均須類推不獨蠻面也

深面淺面

深面者臍腹出脈淺面者胸喉出脈出脈低者星辰莊

重雖孤單高聳亦不畏風出脈高者得本身肩翅重護

方為有勢肩翅單薄力輕若無蟬翼貼身脈必貫頂亦

有喉頸之下雖起小泡不甚顯露但隱隱而下至臍腹

陰囊方出顯然之脈者又不妨高出又有喉頸之下連

起突泡或五六或七八大小相等均有分金之面疊串

而下如串珠龍上天梯等格兩邊肩翅齊護者力最大

又不可以面淺論之

大面小面

面之大小在大八字之大小護帶之有無多寡別之大

八字豁開極遠護帶數重如大菜之多葉千葉蓮之多

瓣面面相向肩翅齊開者為開極大面前去必結大地

大八字不甚豁開僅有一二重護帶如小菜之不能多

葉單辦花之不能多瓣但開面端莊而出脈者前去結

中富貴地大八字短小而不開張護帶全無一邊止有

單股蟬翼一邊有肌理刷開之面而出脈者前去亦結

小康之地此在分龍起祖處定其優劣已經博換之近
祖又當恕論小面者有行度牽連之小面有已經脫卸
太山而變小山之小面行度牽連之小面不但低小山
頭有之高山之上只微起微伏不甚頓跌處亦有之此
等星辰輕重不能自主惟視其前後間出之大星辰護
帶之有無多寡辯其高下已經脫卸之小面當觀其後
龍合上格到頭纏護多者爲大地後龍合下格到頭纏
護少者爲小地故面之大小只以祖宗論到頭星辰俱
論開面與否不拘面之大小然在山谷分掛之龍仍以
開大面者爲勝面則氣勢必弱分掛之龍不開大
　　開面多寡

龍身雖長不開面者多則力量有限行至不開面處即
止。○此因後龍不開面者多故一行至不開面處福力
此亦遂止若前後龍俱開面中間偶有一節之疵龍運至
面處方興福澤龍身短節節開面發福不小行至盡
處而後已然其長短只以分龍處為始有等大龍行度處
帳峽巳多脫卸極嫩忽起高大星辰雄踞一方開出大
面分枝數節便成大地蓋高穴星辰旺氣一聚幹龍雖
行而脈于此分落共祖同宗故分龍前去不必長遠其
力自大又有大龍行度未止龍身忽嫩雖不起高大星
辰卽借大龍本身之盤旋枝脚之輻輳結成垣局大熱
團聚於過龍身上分開橫面掛落一枝兩邊重岡疊之疊勢
背外背內面如于瓣蓮之緊抱者雖數丈之脈結作未非

常又有榦龍將結省郡數里分落一枝雖數節龍身亦
成美地然在垣局中分落為貴（與省郡同）若在局外分
落必自成垣局方可不然雖旁近省郡力亦輕小以上（也）
三者不以龍短面少為限
　特降牽連面
特降者自高山跌落低嶺胸腹甚至跌下平（平）地陰囊有
節泡遞生大起大伏而來牽連者但小起小伏頂下不
生遞脉節泡或有節泡微微起伏而不多或如鋸齒筆
架排來（○筆架形與牽連相似）者原宜開面離祖之下不開
面無妨特降者總須開面行度之處不開面便假出身
處之○分龍　最忌牽連必須特降行度處雖不能純是特

降亦不可俱是牽連特降牽連相間而來龍勢方活牽

連多而特降少者次之純是牽連雖非砂體亦無力乎

岡龍以收放盤旋為勢不以此論

開肩之面

星體有開一二肩與三四肩者有邊有邊無邊多邊少

者或成橫飛三台席帽筆架五腦七腦九腦六甲金水

之帳肩愈多愈佳愈高愈貴均停為上不均停次之顯

明力重糢糊力輕中頂尖聳者大貴其肩要自我之大

八字一統罩開每肩枝腳面面向我者真每肩各分八

字枝腳散亂不向我者假開肩與不開肩力量相去甚

遠五腦七腦九腦六甲龍樓其力最大但撞背而中頂

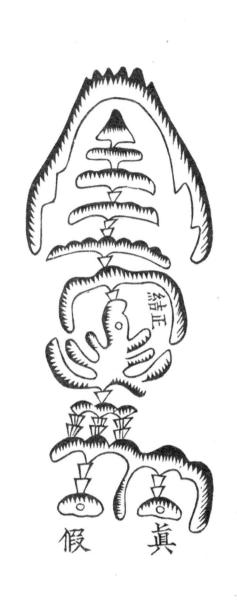

出脈兩邊開肩均停如十字樣者最少偏過左右一二

頂開面出脈者居多只要自內分開面面相向不拘直

來橫來惟三台格後龍撞背而來中頂開面出脈者有

之其餘罕見

六甲龍樓六個有脾也三層只作一層星辰如三層

樓然中尖者為樓中貴人遞下三台五腦九腦俱自

內分開面面相向穴結中腰極貴之地自中頂之大

八字一統罩開枝脚面面相向者方真餘枝之則假三

台以旁頂各分八字非中頂之大八字一統罩開假

五腦勢趨左角故結小地中出者無个字左砂反背

假

乳突窩鉗面

長者為乳圓者為突出于分隱脈隱之面中如龜鱉戴

泥之狀者名隱乳隱突出廿分顯脈顯之面中如垂鼻

覆拳之形者名顯乳顯突隱者氣嫩只要在个字分金

之面中有毬平而來雖尔再有脫卸即可以嫩乳嫩突爲入穴之毬簷顯者氣老雖在个字分金之面中有毬平而降必須再有脫卸另起貼身微泡方可爲入穴之毬簷夫毬簷者非比來脈上高起一塊即謂之毬簷也○以下論毬簷以毬後分開之蟬翼無一毬之峻作伏落之勢便無還氈之平作泛起之形是以兩邊拉下而低垂毬○惟中行之脈路有一毬之峻作伏落之勢不分蟬翼後無毬平便於平後故有還氈之平泛起之形於毬前是以中心頓起而有突若無蟬翼低護于毬旁無毬平于毬後雖有突泡之起亦非真毬○突泡無蟬翼非毬有蓋毬旁蟬翼方得穴腮圓胖有蟬翼之分毬後有毬平之脈方有痕影之蝦鬚水在

蟬翼外分出而合抱其圓唇脈始清而活氣如動而止

也○半山有突泡又有毯旁分出蟬翼之背遍開痕影
若更見真水方見來脈之清再看其分出之水合抱圓唇
氣之止見真謂之毯簷者〔論毯簷〕○以下合

一物也自其剙前平盡之處有突起之頂言之謂之突

自其頂前分開之下有坳言之謂之簷無毯則

生氣不聚無簷則葬口不開但毯之突起處脈猶未止

也煞猶未化也直待毯前有分開之微口剙落之峻坳

如帽簷之圓如屋簷之滴方脈止而氣乜陰化而為陽

二者有相須之道故合而稱之為毬簷古人謂無心簷

不成穴以、主〔音〕見如毯〔音〕見如簷其突起也如淋開低聞〔音綿〕

之穀堆二其開口也如咬去一塊之饅頭又謂之孩兒頭

其穴亦不見其起中間一路獨有隱隱之分心而矬平

俱有則矬處見其槜平處見其起 後有微平前有微平平之盡處自然是起

但非如乳突之起有分水之脊也蓋乳突是陽開裏陰

雌雄外結故界水分開兩邊窩鉗是陰開裏陽雌雄內

結故界水不分兩邊 乳突為陽陰包砂為陽陰包內陽外故 窩鉗為陽陰窩鉗內陽外陰包砂為陰乳突近穴砲本身遠也

開口界水從 穴陰陽開○外結者乳突之砂本身分來合于唇下雌雄砂近穴砲也

內裏者窩鉗之穴後顯然分來合于唇下雌雄砂界水從穴近穴砲也

後穴隱分來周聚口內本身分來界水從穴

水矣奈何曰水有陽會陰流之不同窩鉗中肌理分開

舒坦有肉者水必鋪開而無溝謂之陽會水若肌理欽

入逼陷無肉者水必成溝而直下謂之陰流水謝覺齋

曰欲識太陽金水穴 卷○龍體穴形篇 太陽穴法詳四 又無珠乳難分

別水來破面聚人中水若行時脈不歇歇時須要到三

叉氣止水交方是結淋頭割脚要消詳惟枕毬簷尋活

脈是指陽會水言也○太陽開口潤大其金水之體落

人中者即上文所謂如界水之
合則脈止三叉者三合水交之槽是也若以水行則脈行水交則脈行水交合氣

簷此申明深大窩鉗中有陽脈
脈尚行扞葬其間不免淋頭割脚穴炎臍結而言

日鉗穴如釵掛壁隈最嫌頂上有水來釵頭不圓多破

碎水傾穴內必生災是指陰流水言也
○此以淺小窩鉗穴結高處者

陰流水無分無脈
陽會水有分有脈破碎水必淋頭而下故窩鉗不忌陽會水只忌陰流水

穴中無水乎曰有隱隱之分勢水從隱隱之分勢而分
陰陽流會水無分無脈然水雖陽會終無分水之脊何能使

去有隱隱之矬平水從矬平之兩邊分開不從矬平之

中間一直流下故不成溝而名陽會水雨滲入上亦隨

分開之紋理兩邊斜斜滲去故壙中自無水淋是以窩

鉗之穴形俯而穴低者穴後有數丈高庸眼視之似為

界水而實無水淋也然無垂頭之勢唇氣之吐弦稜之

伶俐者中間必無動脈而有水淋故此三者又為看窩

鉗之先務有此三者然後可看動脈有動脈然後可察

毬簷但窩鉗之毬簷不能如乳突之顯然突起只可觀

其水平臍結處為穴臍結者其上必有一毬之嘁如簷

之滴一矬之上必有一平之盡如毬之起則窩鉗之毬

簷亦即是動脈之矬平盡處也 有毬平方有毬簷故既 有毬簷方有真脈

曰又無珠乳難分別又曰推枕毬簷尋活脈正欲人於

低有秀之中察其呼吸浮沉之動氣耳形仰者（窩○窩鉗○淺小夫

頂不遠即有平臍立穴猶易形俯者（窩○深大去頂數丈

方有平臍立穴甚難須遵水若行時脈不歇之語扦於

水平臍結之處為宜（○臍結者上面微平有隱隱分水痕交合也窩鉗大小結分水者上枕穴亦宜眠乾就濕者上下

若陰脈結穴亦宜合眠乾就濕之法（毬簷就濕者

總是上有分而下有合之意以下分論窩鉗形體也

上概論窩鉗陽脈并言窩鉗陰脈結穴亦宜眠乾就濕則傷龍鬪煞矣

親合如湊急而扦（破毬扦毬湊簷俱是簷之前後與以○

火鉗之形者曰鉗窩有大小深淺之不同鉗有長短曲

兩掬圓抱如箕箕金盤之形者曰窩兩臂直垂如金釵

直之不一有撞背而開者有橫過而開者有勾轉而開

者一是直來直結一是橫結一是勾轉逆結俱要頂頭圓淨有分金之面

頂不圓淨水心破面

內觀外觀其微砂顯砂俱有外背內面之真

水之顯然者難得平臍因窩上有形體五即異故

以其貼身分窩合所忌異同一也界水成溝破頂則無

情抱向者方有弦稜生氣〇此總言

平臍上有毬簷宜圓唇前宜平水合臍微稍分下有不圓唇之隱合因窩上

鉗得平臍便結展故窩宜圓展必須水合結水合上文概論窩鉗得

承但窩無圓唇不成

窩鉗並忌界水唇下成溝窩忌而鉗不思

下窩平容聚方有會谷乾流鉗形直垂故唇下雌雄砂長兩砂不忌雖雄砂體坦唇圓

金破之頂面則無

穴以下論微微窩鉗承胎而葬

頭抱轉取水臍結處更得貼身分合故唇

毬小窩鉗宜承胎扞頂因古人以

金盤之窩穴必居中盤金

甚顯明開口又小唇氣短縮者

打頂前微醫處如合谷穴是也

四面皆弱稜扞

正中微突處

側鉗挨食指根之轉皮鉗脈合鉗扞兩

鉗盡處之胖肉即玉筯夾饅開鉗○即是看後倚前親
之勢看四法頭之穴法分鉗邊鉗觀股明股暗之情水穴明邊此皆易曉
惟大窩深窩長鉗直鉗之形俯者其低有中陽脈呼吸
浮沉之動氣爲最難認也陽脈甚隱高低之形若有若無難以體認故致詳
於此○篇中評論窩鉗詳言形俯穴低宜認陽脈穴法
宜着眼者最蓋言其所至一者篇終復又指出其可嘩之意深
矣閱者最

附長鉗臍結圖

陽脈結穴圖已見首卷合割篇後茲復附長鉗圖以

明水平臍結之穴法

附 乳突窩鉗雖形體不同而陰陽變化葬法則一但乳
論

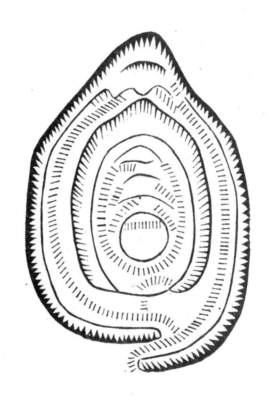

突無窩鉗不眞窩鉗無乳突必僞蓋乳突陰也毬旁

蟬翼分開抱其穴暈此即隱隱窩鉗陰化而為陽也

窩鉗陽也穴後毬簷突起證其穴情此即微微乳突

陽化而為陰也所以乳突之顯者不可無隱隱窩鉗

窩鉗之顯者不可無微微乳突而微乳嫩突亦必有

隱隱窩鑒之穴暈淺窩短鉗亦必有微微乳突之毬

簷以見陰陽交互而成太極內照經所謂上有天輪

影下有土堆中成太極暈是也大輪影者毬簷肌理

分開金面如天之圓土堆者唇毡托起如地之厚兩

旁痕影水分垂太極暈平坦豐隆舍太和之氣介乎

其中如男女媾精胚胎初結生生不消而三才始備

故穴法多端不外乳突窩鉗而四者結穴總以毬簷

唇毬為證蓋有毬簷水方能分有唇毬水方能合平

洋分台篇所謂真分合者亦指貼穴分合水言也若

天輪影邊高邊低金面不正似土堆而邊凹邊凸或

偏斜傾瀉者即是分不成分合不成合其中何能有

太極暈此惟智者明以辨之更合棄乳扦窩避突就

鉗或有窩而葬乳有鉗而葬突皆為窩鉗無微微乳

突乳突無隱隱窩屬孤陽不生前陰不化毬簷唇毬

不真故耳

按內總經以毬簷為穴星必合四個星辰方真目紫

微形如隱眉曰太乙形如雞距曰旺龍形如覆釜曰

山海指迷卷二

木星形如玉尺有顯然成形者有隱然出面痕影小

水界成形者以見毬簷形體不一故附錄于此

紫微

太旺龍　　木星

石山跡○以下目篇舊在三卷之末因其
論開面列于乳突窩借之次

土乃山之的石乃山之骨觀人骨中有氣則石中有氣
可知故氣一山亦宜開面石八字層層分開有剉有平穴
情真的或石隙土穴或兩旁硬石中間嫩石可鋤石不
但可鋤更須從水即化無細砂○嫩
間雜者謂之結土結者實也　或面層是石下有嫩土
蓋○即天或圓唇是石而不欹斜者其福力惟視開面之
穴
大小多寡地步之廣狹爲轉移不因石而有煞或反得

石而清貴或得石曜而兼兵權者有之惟穴後無石八

字而石紋直生歛入無煞無平脈無動氣或飽硬巉岩

不開金面〔金之面〇無分〕不但穴中有直生尖射之石為煞即

石中土穴亦有煞面不可扦也

附論 葬書云地有吉氣土隨而起是驗真氣于土也又云

山勢原骨是驗真氣于石也蓋山體屬金金氣旺盛

則生石其因氣而行截氣而止形跡較土更顯力量

較土倍重石之行也頭向前者為奔勢腳向前者為

降勢兩邊丿乀壁立分開是大分勢微微露起如八

字是小分勢石脈一線委蛇曲折出于大分小分之

中或大小相間高低起伏或如梯級或如鋸齒或如

波浪而來者皆氣之行也兩邊平坦中間微高如東
咽者是氣之入首也然石勢雄急非頓立開面勢不
能止其止也如壁之立爲正開面挺立而頭俯爲垂
頭開面有石毬開面而簷是土者有土毬突起而簷
是石者或開面之下更有石脈鋪出分解開鉗中含
眞土或落下不出石脈有眞土隆起均宜認脈索氣
而扦切忌鬪煞但頓立之面高者數丈低者四五尺
兩旁之石亦必開面向我者爲眞如開面而破碎敧
斜或一邊斂入或一邊向外或一直生下無論大小
高低皆假其有兩邊開面一面向正龍一面自去結
穴者總是護砂又有滿山之石皆向一邊開面者是

他山之朝應有似開面而岩穴空洞者是縮氣之山

脚或似壁立而零星間土與駞出而肥滿者是山之

後背此皆開面之假也若老山之石滑而渾大嫩山

之石潤而多紋在山背其紋直在山脇其紋斜在山

頂其銘銳在開面其紋橫石鉗生于窩鉗石開生于

乳突送砂形如丿乀顧穴勢必彎環故捍門華表北

辰羅星諸體牛是石山更有分開橫于溪河為鐵門

金鎖其內定有大地蓋旺氣自祖山發足融結真穴

于大龍將盡未盡之間氣復有餘包羅在外近則見

于下砂遠則見于水口然石山結穴雖憑石之開面

仍以得土為真而石紋裹轉與石山內顧皆不可不

峻山

峻山有坐臥立三體星辰不開面無動氣者皆凶開面

而有動氣者俱吉非坦緩便吉陡峻卽凶也賴太素掛

鐘形鑿壁而葬揚筍松掛壁燈貼壁而扞此皆先哲之

垂範今峻山高穴發福者處處有之只要星辰開面大

八字有稜角脈路有隱分之毯平或數次或十餘次或

略有顯分仍有隱隱毯平在其中者更妙分處是開陽

獻面平處是束陰吐脉毯下有微微之媺卽是氣之呼

而沉平盡有微微之起卽是氣之吸而浮有此陰陽變

化呼吸浮沉之動氣任于般怪穴皆可扞葬況端正開

面之峻山乎但峻山之穴無微窩則氣不蓄無近案飛

氣不收二者均不可少

獨山

經曰氣以龍會而獨山不可葬也此惟為山谷中之單

山獨蓁曠野間之間散孤山不開面而無動氣者言之

若真龍行于平地忽然突起一山開好面而有動氣者

即無陰砂纏護必有裙襴兜收 兜即唇毡起 或以水繞當山

纏或以遠山為城郭不但開腳星辰有龍虎護衛者可

扞即正體星辰無龍虎護衛但得毡簷蟬翼 或虬鬚砂

蔽棺者 兩邊之護砂 亦可埋葬福力視後龍之輕重得

水之多寡而推不因山獨而減也

高山

高山穴如金斗形之梁上穴插劍形之靶上穴照天蠟
燭形之燄上穴仙人大座形之顋門膝頭穴是也其龍
虎纏護水口近案不如低穴之可以外借俱要本身自
具其面向裡下雖高峻到穴如登平地拜壇兜衿之外
猶有餘地平鋪不待塡砌者方可或無生成之平或雖
有平而龍虎纏護水口近案非本身所生或雖本身生
成而無眞面顧內或雖眞面顧內而本身不開面無動
氣者俱假卽本身有開面動氣而後龍不脫卸無纏護
者僧道之地雖有脫卸纏護而無臺屏帳峽登出者丁
財之地雖有臺屏帳峽而一出龍虎之外只有本山獨

高餘山皆低者仙佛之地惟臺屏帳峽俱備送從纏護

齊高方爲富貴之地其力量大小亦在龍格輕重地步

廣狹推之但高穴收山不收水取天清之氣居多峯巒

不秀不成大抵貴多而富少名高而望重

偶有開面

或曰有一節開面便可言地乎曰必分龍入首入穴俱

開面者方眞若分龍開面而行度山頂及入首入穴處

牛山與毯簷俱不開面者假惟到頭穴山出脈之化生

腦遞脈之突泡臨穴之毯簷俱開分金之面有蛺平呼

吸浮沉之動脈者必能結地大小久暫當看後龍

泛頂不開面

或曰山體開面者有不開面者混于中奈何曰不開面

爲泛頂惟分龍入首入穴處忌之見於行度處當視其

多寡泛頂少而開面多者定是真龍泛頂多而開面少

者得分龍入首入穴開面猶面不失爲小地分龍入首入

穴俱不開面繞是砂體

山洋指迷原本卷二終

山洋指迷原本卷三

周景一先生著

　　　　　　　　姑蘇俞歸璞　增註
　　　　　　　　山陰吳卿瞻　增註

太祖

經云只要源頭來得好起家須是好公婆故論祖宗者

必以出身之太祖始大榦龍太祖在數千里之遠特起

名山跨州連郡高大插天萬派之山皆祖于此所謂權

星是也 若水木火星體疏動卓立而分形多作近祖
　　　　權星大抵多是上金之體蓋惟土金方能綿直

凡一省一郡各有權星仙佛王侯卿相之地必本于此

小榦龍太祖在數百里之遠亦必特達高壓眾山或成

龍樓寶殿金鸞瓊閣諸形所謂尊星是也正榦正結之

地必本於此枝龍太祖即大榦龍之分枝亦有遠至數
百里數十里者貴者臺屏帳蓋其次大面星辰再次小
面星體所謂雄星是也太祖雖遠近不同均須開極大
之固大八字大護帶亦多行度處辭樓下殿降勢跌斷
兩邊護從岡阜多者為正龍貴格如大八字小護帶無
多行度處辭樓不作降勢或但有牽連之形兩邊護從
岡阜少者為旁龍賤格龍處辯其優劣繆仲淳曰山分 此在太祖分
八面出各有枝勢之所向其結必多又曰眾皆趨蹌我
獨張揚皆辯貴賤正旁之捷訣蓋出身處關係最緊前
途雖遠莫不預定於斯管氏曰遠奪天地踪跡巳形于 而兼及分龍
此出脈正指此也 ○此籍因太祖

分龍

分龍即出身處○分龍者太祖山之出脈楊公謂之源

派定祖宗窮本源察長短辯眞假審力量莫不於分龍

處觀之○分龍與分枝不同分枝者從大小榦分出也

大岳乃衆山之祖本山太祖必以分龍處爲是故以之

定祖宗未分龍以前雖有千溪萬壑乃衆水之流本山

水源必以出身處旁分兩水夾送龍身漸以成大會于

局內與外明堂者爲是故以之窮水源未分龍之前雖

有千里之龍乃衆山所共無與本山之短長必以分龍

處來歷千里便知有千里之龍故以之察長短未分龍

之前雖有至貴之龍無關本山之眞假必以分龍處開

面出脉者爲眞龍否則是假故以之辯眞假未分龍以
前有至美之龍如祖父富貴可以福庇子孫然必分龍
處星辰開面肖其祖父方承其蔭若開面不美祖宗雖
美意必他屬縱有結作小地而已又如未分龍以前有
至粗之龍如祖宗貧賤不免貽累後裔若分龍開面星
辰仍類祖宗之粗蠢者方可限之如變粗出嫩前去定
結美地故以之審力量是以分龍處要開好面之大星
辰子微曰分龍要起大星辰不起星辰氣不生要蟬翼
護帶董德彰云出身處有蟬翼護帶前去必結大地要
絺線脈鵝頂而不顧人蔡氏曰出身處線脈鵝頂方見來
要翔舞自
歷之眞○線脈者出脉細輭鵝頂者山頂如鵝頂之突出線脈于頂下胸腹間也

如楊氏曰眞龍屈曲不朝人挺然直出勢最尊要有屏

帳卜氏曰出身處列屏列帳要峯巒成座子微曰龍無

星曜低低去此是賤龍出身處要盤旋曲折又曰龍行

身直不廻翔此是死龍多不祥故龍之貴賤生死只在

分龍出身處定之出身美而到頭不美必有閃結到頭

乃其偏氣出身不美而到頭美者必是小結不悠久也

中出偏出

山龍中出偏出凡開帳落脈高大星辰皆當並論惟太

祖出身處為最重此面中出者前途所出皆中卽行度

處偶有偏閃其大勢自然不離于中力量自重此而偏

出者前途所出皆偏卽行度處間有中出其大勢自然

不離于偏力量亦輕其所以偏出中出者氣禀之有厚
薄也禀氣厚者正而不偏或先正而後偏其力輕重可
知禀氣薄者偏而不正卽間有正出或偏重而正輕或
偏眞而正僞其間不可不辯今人薄偏喜正大都不顧
其眞僞重輕曷不以中出偏出之間視開面之有無衛
其優劣

應星

應星者太祖之前再起星辰以証應其所受之眞假貴
賤也蓋太祖尚是分派衆共之龍惟應星是穴山所獨
受無應星太祖雖美其注意不在此有應星不開面亦
假粗而不文秀者不貴高大與太祖並峙尊卑失序須

略小乃頴異合尖圓方三吉之體開面端莊方足証其

所受之眞貴楊公曰看他辭樓并下殿出帳聳起成何

形應星生處別生名此是分枝劈脉證高大辭與玉者

應星吳氏曰尋地先須認祖宗更于離祖察形踪辭樓也

下殿峯巒秀預識前途異氣鍾皆指應星言也〇二詩

言應星辭樓下殿合尖圓方吉體者可證龍身之後一首言應星特起特降峯巒秀美者可識前途結地之

大辭樓者如臣辭君客辭主下殿者自殿頂而下至二

籉三籉直到階陛也辭與下者卽特起特降之謂然必

先下而後辭不特地而降緩緩牽連而降者不得謂下

殿必須自山頂下至山麓方成特降之勢不特地而起

緩緩牽連而起者不得爲辭樓必須離祖數里頓起大

中西洽印社

星辰雖不可與太祖相並亦須成座尊嚴作置地步堪

為次祖如此龍方有勢前去必成大地行度之間亦須

特降特起有一二座峯巒聳拔者方是貴龍樓殿惟榦

龍有之枝龍即無然其陟降之勢亦宜如是若牽連而

斷不成斷起不成起起不即起斷不即斷所結必小

　　祖宗遠近

經云祖宗積累有根其子孫終須與人別所謂積累者

非徒一太祖一少祖也少祖以上其間低小小星辰可以

無論凡有高大出衆星體不論多寡均為遠祖遠宗以

歷代積累根基甚厚故子孫發達亦長祖宗節數多者

力大而久節數少者福微而短榦龍長而祖宗多枝龍

短而祖宗少分掛枝龍無特起之少祖況遠祖遠宗乎

凡遠祖遠宗開面地步與太祖同論但太祖如開創者

所開最大開面不美地步不廣便非貴龍開面地步俱

無卽是砂體遠祖遠宗如守成者關係少輕面小星粗

無傷大體惟近祖近宗祖星辰醜惡開面全無出脉如急

牽線覆鶩毛者雖遠祖遠宗甚美亦不能裕後行至此節必

節不免災凶若開面星辰勝于太祖太宗行至此節

致富貴故遠祖遠宗雖關休咎而近祖近宗更係禍福

也

少祖

將入局數節特起大星辰爲少祖廖氏謂之主星〇墜巒高

山堪為四
方之王

比太祖遠宗關係猶緊八式歌云若是山家

結穴龍定起玉星峯主星大小合龍格造化便可測言

結穴之龍得特起之少祖作主星合龍格也上格大

富貴中格次之下格又次之賤格小康凶格應凶禍臺

屏帳蓋成座大星纏護疊疊上格也開面尊嚴星成大

座纏護不缺中格也開面端莊星成小座龍不孤單玉

格也牽牽連連前後相等無特起特斷之星辰成大

雖有特起星辰粗蠢醜惡凶格也星辰高聳而不秀麗

不開好面亦凶格也不入格之少祖可以無論成格之

少祖在穴後二三節間其力重大若離祖太遠則無力

結作尋常得穴後一二節間再起開面好星辰方能融

結大地八式歌云二三節後合星辰福力實非輕節數

遠時福力少再起王星妙語云穴坐主星當尚出貴卽代

此意也

龍格篇○上篇常論少祖貴賤此

龍格篇統論龍身以定優劣

今人見元武後一節之頂以父母名之二節之頂以少

祖名之後龍許多節數俱以遠祖遠宗名之並不論分

龍長短星辰吉凶漫謂之祖宗無怪大小不明禍福莫

辯也必須察分龍之長短方可定祖宗之多寡觀星辰

之吉凶乃可推後代之應驗如龍身短者分大龍一二

節卽節入穴分龍便作太祖入首便為元武而無少祖遠

宗蓋未分龍之前雖有許多節數衆龍共之本山只分

其此氣不得認為巳之持祖故曰掛祖分受發福不久

又如龍身長者雖有許多節數若不特起高大星辰但

低小牽連兄弟相若而來兩邊護從少者不得誇龍長

而祖多也如此者雖有開面不過四五等格又如雖有

特起高大星辰若不跌斷成勢對看似成星體橫看牽

長一條亦不得誇祖宗之高大若此者面必不大從必

不多亦不出四五等格又如雖有頓跌星辰若不能特

起特降開面成座枝腳橫鋪廣遠但伯仲相若形如鋸

齒之齊枝腳短縮而不揚者亦不得誇星峯之秀如此

者雖節節開面不過三四等格必有成座特達之星開

大面而出低脈前後間星主于其間〇雪燕子曰間星無變化要

閒斷有變化要間山間斷者尋常星辰亦大小收放相

可間出者須如鶴立雞群一見令人刮目

間而來送從之山亦起星峯擁護方為三等格中富中

貴翰苑科甲之地若有開肩展翅列屏列帳成座尊嚴

佔地步廣闊之大星主于其間行度處大者極大小者

極小收處極收放處極放如祖孫父子相間而來送

之山登起星峯衛護有聚墻行墻坐墻之氣象者方為

二三等格凡聖賢仙佛后妃王侯將相大富大貴之地

規模大抵如是故辨地之大小只在星辰極尊不極尊

地步極廣不極廣肩臍停勻不停勻別之又有近省城

之隨龍穴與出洋之大旺龍枝枝結果節節開花但分

得大龍一二節或只得貼身一掛護從多而面大者大

富貴護從少而面小者次之倘山體小巧細嫩不能復

開大面而得砂水盡向者多卽與大面等蓋後面原是

一二等龍身來自數百十里之遠帳峽多而脫卸淨一

節勝彼百節故龍不必長一尺勝彼百尺故面不嫌小

枝榦

龍以枝榦名以木喻也木自根達於巔曰榦旁出曰枝

榦復分者為小榦枝復分者為小枝大枝卽枝中榦小

枝卽枝中枝故有大榦小榦大枝小枝之別古人定枝

榦法有四有以水源長短定者如大江大河夾送龍身

者為榦龍小溪小澗夾送者為枝龍或一邊大水一邊

匹水或一邊小水一邊大水夾送者亦為枝龍有以雲

霧有無定者如高峯大嶂其巔常有雲霧者為榦龍低
小而無雲霧者為枝龍有以星峯有無定者如渾厚博
大不起星峯者為榦龍秀麗顛跌星峰多者為枝龍有
以峽中人跡多少定有者如枝龍數千里而來斷處多係
省郡通衢峽中人跡繁多枝龍數里一斷斷處為鄉村
小徑人跡稀少是也予定枝榦亦有二法一以峽中所
到兩邊大界水定之大榦龍峽中所到大界水必數百
里而來小榦龍數十里大榦數里小枝則里許而已又
以太祖分龍處細審落脈正榦必縱橫自如不顧他人
旁枝必環抱護從面面相向枝榦之分二法亦可盡之
矣然枝榦不可以長短論有枝長而榦反短者蓋榦龍

山洋指迷卷三

西泠印社

每從腰落而旁龍前奔數十里以作護衛若不以地步

廣狹開面多寡大小辯之何以別其重輕分其主從乎

但榦龍結穴有脫嫩而結亦有不脫嫩而結其正傳嫡

支又有混于衆枝之中似難分別惟以節節開面縱橫

收放自如護從環向多者爲正榦分枝掛枝亦有大小

不同仍以護從多地步廣者爲優又如分枝正落共一

龍身欲識其輕重亦以此法定之

　老嫩

龍體老嫩以木喻最肖蓋高山窮谷之中萬山于出起

祖衆水于此發源龍榦者而不結地如木之根本處無

花果也迨其行行漸遠至半洋半谷之間一邊大水尚

行一邊小水已合龍身漸嫩而地亦漸結如木之分枝
處漸有花果也其分枝有老嫩不同輕重不一只以開
面大小地步廣狹衡之迫其愈行愈遠至大江大河大
湖大海之際萬水于此同歸正龍於此大盡其將盡未
盡之間乃龍之最嫩極旺處結作多而力量大如木之
正幹正枝花果極盛也蓋老山起祖開面方始未經脫
卸水初發源少有會合即有分出嫩枝力量微薄及行
至半腰開面漸多脫卸漸淨有小水可收漸能結地平
大龍將盡未盡之間歷數百十之帳峽經千百十之開
面脫卸極淨諸水皆聚各開好面結地所謂枝枝結果
節節開花也但結地處仍以砂水向多者爲勝是以山

谷之間必有數十里來龍數十節開面臺屏帳蓋纏護

多而地步廣者方結大地若大龍將盡未盡之處只有

里許龍身數節開面或一二節開面有一二座臺屏蓋

帳者亦成大地是一節勝彼百節小面勝彼大面一股

纏山勝彼數重關鎖小山岻在中流勝彼數重大山塞

居水口也至於枝龍出洋盡處與榦龍結正穴後之餘

氣雖與山谷間之例有別若本身不開面出脉而無穴

情者不可以為脫卸巳淨寸寸是玉而扞之然山谷龍

身節節開面跌斷多者亦曰嫩出洋星體不開面或偶

有開面而無跌斷者亦曰老○平洋特製高大粗蠢山
開面而無出脉者係
山

用神如北辰　故山谷亦有太貴地出洋儘多下賤龍
門之類是也

也有等大龍行度倏變為低小星辰開面起伏而出嫩

枝不數里忽變為高大粗蠢不開面起伏而成老山及

至數十里又變老為嫩嫩又變為老者總之老處分結

少嫩處分結多老處分結非數十節不能成地嫩處分

結數節節即便成長美地

內外

龍有盤旋之勢即有內外之分既有內外之分即有輕

重之別〇內外者局內局外也假如一枝大龍結穴兩

邊必有帳作包裹在帳內結者為局內在帳外

結者為局外局內結者

力重局外結者力輕

內兩邊分結之地必左少而右多左輕而右重大龍右

旋則右為外而左為內兩邊分結之地必右少而左多

如大龍左旋則左為外而右為

右輕而左重為○此內外就盤旋之勢言之左旋者以右為內言其勢之所抱向

者為盖外邊如背逼近大江大河水浩瀚而風攻氣散
內者為內也

山亦多祖內邊如面包含小原小坂水細小而氣聚風
粗

藏山亦多嫩故內邊畧掛一枝勝外邊特發數節外邊

數十節龍身不及內邊數節之力內邊即傍門借戶畧

有包裹便結外邊非自立門戶數重環抱不可外邊惟

恐見大水只見一線無妨枝龍不納榦水故也內邊惟

恐不見大水任是洋朝愈妙自家血脉故也如杭城之

南山右旋者也江干為外西湖為內孤山左旋者也古

蕩為外西湖為內傍西湖結地者不止數百處傍江干

古蕩結地者不過幾處而已內邊大富貴地不可救舉

皆是傍借門戶見西湖者儘多外邊惟江文昭祖地在

眠牛山下者果爲大地乃自立門戶不見江水其龍亦

自有帳峽特出數節方成西湖大地但得一節而結穴

者儘多此內外輕重之徵也

　開帳

廖氏曰大凡開帳要中出角落未爲吉左出爲輕右更

輕重此中分又曰十字帳爲上丁字帳次之金水帳

爲上水星帳次之亦中心出脈開肩明顯者爲金水模

糊者爲水星

蔡氏曰開帳穿心如人之有肩如弓之有弰潤

者數十里或六七里狹者一二里或一望之遠最大龍

身分佈一二百里凡此方爲正穿心中○後龍撞背而來

即十字

穿心

帳穿心 三五丈間不足為正穿心不過中心正出之龍三

五十丈者只謂之小穿心餘止蜈蚣節而已所謂正穿

心不能多見數十節間或止見四五節或一二節者其

餘亦須不離中心出脈傳變不雜氣脈不散而正出之

間或之杳飛走或拋梭裊鞭或蜂腰馬領或鳳舞鸞翔

或蛇迆蟬脫或登階降陛變換不一只要龍身眞正不

必定泥十字穿心卽間有丁字帳亦有貴格有等穿心

之格帳梢又起圓峰高峻豐厚自帶倉庫者主大富又

有開帳之前中間細脈垂下突起俊秀之峯者為帳内

貴人主大尊貴又有穿心出脈之帳兩脇高起圓峰不

與本身聯屬侍立兩旁者為暗庫星主富盛而多姬妾

然小穿心蜈蚣節已爲難遇況開帳正穿心乎至於貴

人暗庫猶爲罕見

或曰帳有眞假乎曰在帳中出脈開面者爲眞否則是

假但此就統體而論如後龍祖宗甚美前面子孫俱開

好面佔地步多者方佳若祖宗不美胎息即子受傷中

間雖有一二節穿心帳亦作假論如王之經所論尹瓊

姬祖地是也若橫龍分降借勢爲帳者須前途自開好

帳即借勢亦爲有力不然不足恃也

或曰帳字何義曰古人以行軍帳喻之謂出了後帳又

開前帳如行軍帳一日一移也玉髓經云帳者障也謂

橫開廣濶能障其風不使吹脈障住外山外水不使過

近龍身即是佔地步之廣_{帳有二義橫開廣闊如一字}_{屏者曰障分開大八字而包}

帳稱有不同

裏到頭者爲

或曰帳角結地能減正龍之力否曰開帳面小護帶少

者不能跌卸而去枝葉自踈帳角何能結地如穿心帳

開面極大護帶亦多跌卸而去枝葉自茂定有融結若

正龍開帳面小而帳角反開大面豈惟減正龍之力旁

者反爲主矣否則帳角分結猶見正龍力量之旺帳牖

又有帳峽猶見地步之廣其輕重亦隨正龍惟富貴終

有正旁之別初落之帳角分結力尚小中落之帳角分

結力漸大分枝掛結亦然小龍小帳不能有此

　蓋護枝葉

龍身所分開帳之外總名枝葉分之則有數名自逐節

分出者爲枝脚橈棹自祖山分出隨龍同行不到穴而

先停止者爲送隨龍同行而先到穴前廻轉作護者爲

迎橫障穴後不抱左右者爲托樂又爲之屛特起大星

辰分開大面肩翅長垂兩角蓋過數十節者爲蓋

護蓋過龍虎者爲纏護護龍起秀麗之峰端拱于穴旁

左右者爲來輔端拱于穴前左右者爲侍衛端拱穴後

左右者爲天乙太乙端拱峽之左右者爲天弧天角曰

月旗鼓端拱帳下左右者爲暗倉暗庫金童玉女總是

龍之本身分出所以衛護護龍穴者也不自本龍分出者

非然本身已成貴體得他龍眞面相向雖非本身分出

亦可借用若皆來駝我或無背無面即本山分出亦無

益也

或曰護蓋枝葉必宜兼有或有此而貴彼者如枝脚短

少無護蓋可乎曰若逐節枝脚停勻交互適當而長遠

者不必祖山之蓋送如梧桐芍藥蕙葭之類是也如自

近祖分出兩股護砂能蓋過數節者不必迸節不夭長

衍即無枝脚亦貴如上天梯串珠龍蘆花鞭金鐘玉盌

臥蠶土經九天飛帛仙帶飄空金蟬脫殼王几上軒之

類是也又如近祖一邊無蓋護一邊生枝脚一邊無枝

脚者則無護蓋一邊不可不生枝有邊不須牛枝如楊

柳長捲簾殿試之類是也又如自本身分出零星墩阜

如飛花片片寒鴉點點之形兩旁擁護者不必顯有枝

條長垂蓋護亦為貴地如蘆花裊換骨龍落地梅花之

類是也若既有近祖之蓋護長垂又有逐節之枝腳繁

衍非都會之大幹龍佔千里之地步者不能有此若護

蓋俱無枝腳又少一邊者公分有衢兩邊皆然神廟之

地看等出洋龍在大田大坂傍大江大河既無蓋送又

少枝腳或以高田作護衛或以水繞當山一而穴山開

面出脈屈曲活動有嵥平呼吸浮沉之動氣者便是富

貴地姒之若單獨龍之類是也然究其遠祖必有屏臺

帳蓋之格送從纏護之多來龍長遠脫卸淨盡方能有

此不然雅揚一路平坦無山何以亦有大地而平洋單

獨龍何以備多下賤者總宜宪其來龍貴賤送從有無

然後定其優劣纏龍在山谷愈多愈貴托山非橫山無

降脈者不須來輔有龍虎不必侍衛天弧天角非大貴

龍不能有之既成天地無亦何碍

或曰龍身短長枝脚不稱可乎曰龍長遠枝脚亦宜長

遠龍短小枝脚亦宜短小龍高大枝脚亦宜高大龍長

遠而枝脚短小為桔龍龍短小而枝脚長遠為到龍龍

高大而枝脚低縮為獨龍龍枝脚貴停勻若偏枯為病

則宜順護反背為逆則宜圓淨尖利為煞則宜秀麗醜

惡為賤則宜整亦散亂為蕩則宜合格貴形吉形為吉

賤惡為凶故龍之貴賤不同其美惡亦形于枝脚觀枝

脚之美惡龍之貴賤亦可知

過峽

古人論峽以出脈編正定若凶正者兩邊有護送爲吉

偏者二邊無護送爲凶于微論峽則以護峽山形論吉

凶吉形貴形夾護皆吉反此者凶予但以開面出脉爲

重開面者雖旁出力輕猶不失爲眞龍不開面而出脉雖

中出無生如護故峽山外背內面者吉形固凶形不過

吉中之疵如背來龍我或無背無面凶形固凶吉形何

取有等過峽起脈之山亦死路脈開好面者此行龍脫

卸將盡未盡必有分枝相落之地前途可覓

陰陽峽者卽雌雄峽也如□匠人雌雄枸二般一邊開窩

而落脈者爲雌一邊走珠而起脈者爲雄○〔此爲雌凸而雄走珠者〕

泡遞生或雌落而雄受〔雄落者落脈凸而有雌邊雌也〕

有窩穴葬行未能得福○〔氣未止故也○開窩遞脈真〕

或曰高山之上並無跌斷無峽可知亦結大地者何曰

古有高山峽之名盡山上架中〔山另〕闢世界則山上自有

平地其起伏跌斷處即謂之峽但在下面仰視則不能

見其實高山之上有平也理有跌斷若無帳無峽不另

闢世界何能結也〔峽者〕

崩洪浹峽貫穿江過洞〔河〕之石脈也石脈從水中過是山與

水爲朋水與山爲共故曰崩洪惟平洋江河中有之蓋

平洋數千里來龍至大江大河勢不能住則渡水而過

其過也必開帳作勢兩邊枝腳一齊湧來如鳥之將飛

必先雉其翅而起石骨過處水必兩分

河之脈其力自大右

石骨形象不拘

但水面不能見耳山谷水跌瀉溪澗

兩邊山腳石骨雉連而彼岸田水不隨龍勢前行反流

龍渡河水必左過

入過龍河中卽在平洋只以山腳論並非過龍謂之崩

洪峽者非

龍旣渡河則龍勢前行水自隨去若反流入過龍河中仍是山腳諭達非渡水之龍脈前去若

水兩旁分流或上面之水向一旁流去而河辰濱水亦必

也然渡水之龍亦必開面方有一脈透過中而龍脊其

兩分故云非石骨不渡水但博到無山處硬上亦能渡

只要中淺旁深若不開帳作勢枝腳邊有邊無來不洶

湧水中雖有石骨彼岸雖有墩阜只以星散零斷論至

于穿田渡水則以河濱來去爲憑雖在極平處仍有讀

脚墩阜可証

玉湖峽者當脈橫生池湖脈在水中遙也天池峽者峽

旁各生一池或只一邊有池一邊低田低地脈在中間

過也玉池峽者當脈中心生也脈在兩邊過也其水是

龍氣停渚非因兩積池湖是造化生成非人力穿鑿深

大力太淺小力小四時不涸清而不濁者貴忽然乾涸

渾濁腥臭衰歇之兆果是相所之祖臺屏帳蓋之龍節

節開面地步廣潤有此更証其貴中等龍見之亦只尋

常下等龍見之何益故只觀其地步之廣狹開面之多

寡龍格之優劣爲主

古云峽前峽後好尋龍者以龍身透迤路遠將過峽久
勃之勢昂然而起旺氣一聚過峽後方興之熱躍然而
起旺氣亦一聚必有旺氣透于兩邊一開面降脉即借
峽帅之迎送為門戶而穴易成或自立門戶更妙然惟
嫩峽有此者峽則否蜂腰鶴膝者為嫩峽牽連小面枝
葉稀疎嫩龍勢徑直騎龍穴順騎龍固須開正面穴前週密
腰硬者為老峽
廻轉儼如背後生來環抱有情方妙然峽前峽後分掛
一枝結地者十之八九騎龍結穴者十之一二
或曰今人見山跌斷即以峽名之並不問迎送有無無
迎送者亦能結地否曰峽間有迎送者惟大富貴地如
是小龍止有跌斷何能有迎送之砂但跌斷而得闊而

出脈前去亦結小富貴地不開面而跌斷方在所棄至

小枝龍并跌斷亦無何能有峽惟視其開面有無多寡

而已有等大龍來處過峽重重俱有迎送至入首數節

只跌斷而無迎送亦成大地不可以到頭但有跌斷無

迎送短之

附雄落雌受峽圖

入首

砂　送

峽　曜

入首者到頭數節也予微論龍格穿落傳變與廖公李
氏之論龍格皆以此數節定吉凶貴賤蓋太祖太宗猶
是遠龍惟此處最為切近若入首不美祖宗雖美何益
必有入首既美祖宗必美可知故尋地捷徑必以入首
他結入首處

數節為主開面者真不開面者假尋地有二法有自祖
龍必有自結穴處逆尋到祖山然宗尋起隨龍看到結
穴處逆尋到祖山然者為捷徑穴既美後臺屏帳

蓋成座星辰護衛砂水重重真向者富貴奉連小面單
砂單水拱面者小康

　胎息孕育

語云千里來龍只看到頭一節賦云入首成胎猶防死
絶故胎息孕育止入首更為切要○人成云主星後一

　胎息孕育

項為胎胎下束咽日

息主星頂口孕
成穴處日育

此處不成穴必他閃蓋元武後一節之頂爲父母　蓋○穴山之父母山開面出脈爲受胎開面者　穴山是也　陽氣發舒之象　出脉者陰氣束聚之形開面處有垂頭　是俯而施之之象　出脈處有還瓠是仰而承之之形陰　陽相配俯仰交孕則受胎也　胎前跌細如蜂腰處謂之　息如母之受胎而養息也　山開面出脈○此論父母出脈　有隱分隱跣之微有是氣之呼而沉微有前起貼體　微泡爲化生腦是氣之吸而浮化生腦前亦復有微分　微尬之呼而沉微平微起之吸而浮謂之孕　生○此論化生腦開面出脈孕以化生腦爲主上自穴山頂　如母之懷孕而孕前下至半山遞脈節泡統謂之孕　之呼吸浮沉與母息相通也　與父母山之氣脈相聯也○言孕之前後呼吸浮沉

山洋指迷卷三

孕下起孩兒頭有之○節臨穴開端然之面又有隱分隱跞

微有微起之動氣謂之育如子離母腹而自具呼吸浮

沉之動氣故能育也○此論毬簷是以胎息孕育全在
開面出脈

開面方成而生機又在呼吸浮沉之動氣也

附
論　古人論胎息孕育有始于少祖山有始于父屏山及每

有以毬簷爲胎而息與孕育亦異者何也蓋時物之

生莫不有胎天地亦一物也太極未分之時包天蘊

地渾沌卽天地之胎人之胚胎亦混沌之象及乾坤

定位而寒暑遞更男女攸分而子孫相繼卽寓息與

孕育之義焉山川亦以二氣成形得扶輿凝靜之氣

高壓天下名山綿亘東西南北不知幾萬里者崑崙

是也萬山之派始于是萬山之胎亦成于是其分技

劈脈卽是息也各都各郡特起名山孕也建都建邑

之地育也以龍身發脈論當以太祖山爲胎分龍爲

息少祖山爲孕穴山爲育以行龍入首數節論當以

少祖山爲胎過脈爲息父母山爲孕穴山爲育先生

以父母山爲胎出脈爲息穴山化生腦爲孕孩兒頭

爲育者以其切近也然此就大山博換小山出脈結

穴者言之若僅係穴山三分結穴者則當以穴山化

生腦爲胎垂頭出脈爲息半山突泡爲孕毬簷爲育

矣其以毬簷爲胎者亦可遞推乳突窩鉗篇所謂承

胎而葬堪輿經所謂點穴須扶胎息是也胡古人論

雖不同意各有在先生因其意而申明之再三以切近

最要者言也

裀褥唇毡

裀褥者坐下之軟肉也唇毡者穴前之餘氣也有裀褥
方有唇毡則毡唇又為裀褥之餘氣也分而名之穴前
平仰圓收者為唇唇下又鋪一層平仰肉者為毡有唇
短而毡長有唇長而毡短有唇毡長短相等者總宜有
仰起托起之勢兩角收上中央彈出四體寬平不欹不
削者為真開口穴唇吐口外乳突穴唇吐襟內有口無
唇為空穴有唇無襟為死唇襟者唇旁之兩砂兜收也
口開濶大而長者口內應有小唇突生臍屬而凹者唇

內宜有小口臨田無近案者唇毡俱全為妙在山有近

案者吳要有唇收便佳高結之穴圓唇非長大平坦而兜

起不可低結之穴與有近案者只要有兜起之意稍峻

無妨其唇短而高起者毡宜闊大唇長而坦平者毡短

亦無妨若似反弓鱉裙者地必假蓋唇毡是裀褥之餘

氣鋪來無唇毡則裀褥亦假故所謂裀褥者不惟穴旁

坐下宜有穴後穴前亦宜有之穴旁無裀褥則無胖腮

穴後坐下無之則不和軟○穴前無之則無唇毡籃之後穴即

毡何以成穴惟有裀褥自有唇毡不致欹斜笑削而見

其餘氣之旺也餘氣旺者雖小地亦發人丁左邊多者

長盛右邊多者幼峽面前多者衆房俱盛或曰每見穴

前雖有餘地而非本身鋪出或從左或從右鋪來而一
邊界水隱隱從穴前割脚過者或左右俱鋪來而兩邊
隱隱界水從穴前割脚合者或從本身鋪出而無托起
平仰之勢如覆鶩毛之削下龜背之有脊者或雖托起
平仰而穴後不開面無粃平者雖穴前鋪出一片餘地
皆非餘氣也蓋氣隨脈行脈隨氣止氣氣凝聚自然四
體融和精神發越二邊界水割脚而過者必唇側而無
毡兩邊界水割脚而合者卽有口而無唇前無唇毡穴
無氣脉也不能托起平仰者生氣不收也如覆鶩毛龜
背者陰煞不化也後無粃平者卽無動脈脈死氣散也
氣尚無有何能有餘眞氣旣無雖有餘氣何益此皆裀

褥唇毡不眞故也餘氣少而下旺者可不言而喻矣

餘氣篇○此篇論龍身餘氣與前篇論穴前之餘氣有別

古云大地多從腰裡落廻轉餘枝作城郭餘枝卽正結

之餘氣也蓋龍如瓜藤瓜之結實多在藤腰及將盡未

盡之間近根之處正藤之杪卽有所結不堪爲種眞龍

結穴亦然正穴既結其餘氣或從龍虎肘外或從官鬼

前後及纏護禽曜邊曲折而去或山或地或作水口或

成陰地陽基有數里而住數十里而止者情拱向無論

遠近去而不結者力小去而結地者力大故省郡之大

幹龍將盡處閃落一枝結穴而以省郡爲用神者封拜

之地經云餘氣不行數十里定然不是王侯地蓋小地

以砂為用神大地以正龍為用神如韓信將兵漢高將

將也惟分落之小枝如結瓜之子藤但得獨立門戶自

然風藏氣聚不論前去餘氣有無然所謂餘氣者內觀

外觀俱要真面向式而後去去而復回顧者方真

方有顧戀之意

內面之真情拱向
若內觀似向外觀似背遠砂似向而外背有

近砂反背者乃鬼哉也撼龍經曰鬼山亦自有真形形

隨三吉輔弼類九星皆有鬼形樣不類本身不入相故

真龍之鬼自有種類有此龍必有類形之鬼而小枝龍

則另生頭面不與本山類形是以餘氣鬼刻小枝龍之

鬼氣三者又各有別

論地步本於開面

開面地步雖分兩樣然開大面卽是佔地步無地步卽
是不開面何也大八字一統罩盡護帶數重兩邊送從
纏護面面相向非開大面乎貫頂出脈護帶全無兄弟
山挨近本身者非無地步與不開面乎故開大面地步
自廣開小面地步自狹不開面地步自無蓋面之大小
不專指本身言亦兼羽翼護衛言之也羽翼護衛多者
地步廣雖本身之面小亦爲開大面無羽翼護衛者地
步狹雖本身之面大亦爲開小面故開面地步總是一
事但自本身之肩臂眉目肌理之分言之則爲開面
外層之羽翼護衛言之則爲佔地步論眞假非肩臂眉
目肌理之分不可論大小非羽翼護衛之分不可固一

事而兩名者也

論開面地步包括形勢星辰

秦漢時論形勢唐宋時論星辰今人止知論勢其次論

星與形予獨論開面地步者蓋以山川古今不改吾人

所見不同總皆發明山川之秘如狐首青烏葬經以形

勢察性情以性情察生氣撼龍疑龍玉髓經泄天機之

類以地下山形合上天星象以人間庶物狀山川變形

逐類推求隨形模倣皆格物以明理非初學所能驟至

予開面地步之說叅悟萬山性情綫帶一貫機竅意淺

言詳人所易曉況形勢星辰亦皆包括誠以山龍無開

面地步即不成形勢星辰何也未有不開面而能成形

勢者也未有不開面而能成尊嚴降勢者也未有不疊
疊展轉開面而能成飛舞踴躍之勢者也未有開面之
羽翼不面面相向而能成團聚廻環之勢者也未有不
佔地步之廣而能有勢如重屋茂草喬木勢如降龍水
繞雲從者也未有不佔地步之極廣而能有勢如巨浪
重嶺疊嶂勢如萬馬自天而下者也廖氏曰貫是脈從
頂上抽星峰不現頭飽是渾如覆箕樣醜惡那堪相楊
公曰大抵星辰嫌破碎不抱水身多作落皆星辰不開
面之說也葬經曰形如亂衣妬女淫妻形如仰刀凶禍
難逃形如臥劍誅夷逼偪形如覆舟女病男囚又曰勢
如戈矛兵死刑囚勢如流水生人皆鬼勢如驚蛇屈曲

徐斜滅國亡家此皆不開面不佔地步之說也入式歌

云奸格面平方合樣面飽何勞相不開面者其面能平

而不飽乎撼龍經曰作穴分金過如線曰分金者非卽

開面之謂乎又曰高山頂上平如掌中分細脈如蛇樣

平如掌卽開陽獻面如蛇樣卽東陰吐氣中分卽隱顯

之分又非開面之謂乎然則古人之論形勢星辰未嘗

不寓開面地步之意但不明明道破予故發其隱微不

吉形勢星辰而詳論開面地步也

饒減

饒減者多者爲饒少者爲減卽挨加法也蓋暈心標準

左右均勻挨左則左少右多謂之減龍饒虎挨右則右

少左多謂之減虎饒龍又如龍先到而在內虎後到而

在外龍近虎遠作穴挨近龍邊即是減龍饒虎虎先到

而龍後到虎近龍遠作穴挨近虎邊即爲減虎饒龍是

也其龍虎不交抱而龍山低虎山高者亦宜減龍饒虎

虎山低而龍山高者則宜減虎饒龍又落脉饒減之法

如脉從左落勢必趨右宜右邊受穴左耳乘龍棺頭宜

視右邊棺脚宜近左邊亦曰減與龍饒虎右肩落脉饒減

亦然大抵落脉左右之饒減與龍虎遠近之饒減常自

相符當饒減而不饒病者禍在公分如左砂先到當挨

不挨長房必敗左水不到穴前故也右砂先到當挨不

挨幼房必敗右水不到穴前故也又如水自左來右邊

是下砂不挨右而挨左則青龍順竄禍及長房水自右

來左邊是下砂不挨左而挨右則白虎順竄禍及幼房

挨棄

挨棄者挨生處而棄死處也如脈從左轉右則左死右

生從右轉左則右死左生雙脈短者為生齊脈小者為

生貼身砂長者為生痕影水明者為生弦稜伶俐仰處

為生圓唇薄仰平鋪邊為生穴腮圓胖為生牝牡砂先

到為生龍虎灣環覷覷邊為生氣脈有陰陽變化呼吸

浮沉之動氣為生總之動處仰處圓處有情處厚者薄

處薄者厚處均為生也左生發長右生發幼

淺深

作穴淺深之法有以兩邊界水定者有以穴前小明堂定者有以一合水定者窩鉗穴無貼身一合水〔即○一合蟹眼水眼水窩鉗穴無一合水者即堪輿經所謂蟹眼氣穴是也蓋深大窩鉗穴結低處平中取突毬簷無毬○一眼水分下即以貼穴分合〕為蟹眼穴法金盆穴法亦然以兩邊二合水定者從來議論不一但兩旁界水之淺深〔○即二與一合水之淺深〕相去懸殊一合水之淺深與小明堂之淺深相去亦懸殊〔○即一合水從穴暈兩旁分下小明堂即〕且穴旁痕影水合○即〔一合水〕淺者止一二尺葬穴不應如是之淺或兩旁溪溝成界深者數丈葬穴不應如是之深即二合水合于圓唇之下形俯者或有數丈高低葬穴亦不應如是之深然則何以定之惟小明堂之淺深與穴高低相等

似可以此定其浮沉然每因之過淺則有風吹蟻入之

患〇風吹則氣散土過深則有水濕黑爛之虞〇陰來陽受脈
鬆故虫蟻入之　土過深則有水濕黑爛之虞〇陰來

緩者氣浮陽來陰受脈急者氣沉氣浮宜淺過深宜淺氣

浮沉得宜　在深淺恰中爲則過淺過深則氣不蓄即

爲腐骨之藏古云穴吉葬凶者

亦兼乘之浮沉深淺而言也

點增卑損益隨意可更其深淺亦無足據惟金銀爐底

之淺深與小明堂界水之淺深〇此界水指常自相符

宜以小明堂界水淺深尺寸爲準則多留眞土扥土不

而不浮韌而不硬乾而不枯潤而不濕明彩而不昏暗

得鑿至爐底每掘小孔探之將到爐底而止眞土者堅

即生氣土也爐底土比眞土稍淡稍昏稍乾稍濕稍粗

易變不必過硬方爲爐底有等眞土厚者比小明堂更

深數尺若因土美深掘過于小明堂必有水濕之患掘〇

棄爐底穴 故必須以小明堂爲準多留眞土托棺爲地

深水入

山洋指迷卷三終

山洋指迷原本卷四

周景一先生著

姑蘇俞歸璞

山陰吳卿瞻　增註

平洋論

山龍以開面佔地步者爲勝平洋亦然蓋平洋開口卽

如山龍開面山龍不開面爲無氣平洋不開口亦爲無

氣其理一也（水分氣行水合氣止山龍不開面則水不合故均爲無氣

）分、平洋不開口則水不合故均爲無氣、

山龍有星體形勢帳峽纏護者爲佔地步平洋亦有星

體形勢帳峽纏護其佔地步亦一也但平洋蹤跡與山

龍形體畧有異同今亦以縱橫收放行止分合向背歟

割仰覆枝幹大小分晰龍體穴形要之不外乎因水驗

上洋指迷卷四

氣古云平洋得水爲先誠要語也

因水驗氣

氣者水之母也水者氣之子也〔右氣斯有水有水斯有〕

氣氣無形而難見水有跡而可求水來則氣來水合則

氣止水抱則氣全水匯則氣蓄水有聚散而氣之聚散

因之水有淺深而氣之厚薄因之故因水可以驗氣也

若池湖蕩胸無収則氣不能聚江湖潑面無案則勢不

可當穴小水方可〔懷之水太寬蕩胸必須退後收小或近收貼大水當而直冲爲潑面宜有近城〕其易盈易涸急去急來倏淺倏深

或環或直者亦有盛衰之應惟大水之內又有小水重

重包裹方見氣之藏而聚大界之內更有微茫隱隱分〔案遮攔不致直見汪洋爲妙詳後枝幹篇〕

合

貼穴痕方見氣之動而止故卷

（影水）（去而顧戀留戀廻環曲折 深聚廻環曲折）

環繞抱情交交會鎖關密織如織小水直來皆氣之所在也

穿破胸割脅割脚牽動天心直出形如箭射反形如直來反弓直去

情斜飛去冲大水來皆氣之所離也如反者使之環抱直

者使之曲折散者可以聚之去者可以蔽之挽回造化

亦在人功但本身血脈有情顧復者（貼穴小水環繞也）

親榦龍大水無意留戀者不可扳援若山谷之平洋山

多水少雖見大水無害總要自家界合為先耳（貼穴界合無論）

（山洋必不可少）

縱橫

兩水夾送龍身直行者為縱兩邊枝水插入者為橫大

龍奔行數百十里或數十里或一二里兩邊枝水插入
如八字樣者為帳枝水分流或數百十里或十餘里者
為大帳一二里者為小帳兩邊枝水長短不齊濶狹不
一帳之邊多邊少龍之中出偏出均于此辨之帳大而
多者龍大帳小而少者龍小亦有借縱為橫借橫為縱
者總以枝葉茂地步廣者力大但平洋縱橫不如山龍
易見枝龍縱橫又不如榦龍易見蓋榦龍有大江大河
為憑而枝龍惟小河小濱或低田低地忽縱忽橫難以
體認非遠着足力細細推求不可其龍身來去脊脈只
以兩邊小河小濱插入或低田低地中有一段高起處
証之河界田而田之濶大處是橫濱界田而田之狹長

處是縱小濱橫生處是橫直生處是縱未分小濱之前
是橫巳分小濱之後是縱小河條而直流條而橫流小
濱忽而直生忽而橫生低田低地亦如是者都是借縱
爲橫借橫爲縱也總之縱者中尊自主橫者側體顧人
縱如菜臺花心橫如菜葉花瓣菜葉花瓣爲護其心枝
脚纏護因衛其主橫者是開爲合之機合者是收成縱
之局故有縱不可無橫有橫不可無縱有縱無橫者即
無蓋護有橫無縱者何以成龍然亦有等龍身在大江
大河之中或隔十餘里或隔一二里有圩田浮于水面
如鷗鷺之浴波或如珪如璧大小長短相間斷續而來
此以小而直長者爲縱大而橫闊者爲橫察其到頭定

有眞止故龍穴皆縱中之事砂水皆橫中之事 龍脈雖多曲折

總居中而貫穴砂水即有縱橫互借層見登出者更徵 直長皆在龍穴兩旁分佈

地步之大結作之多小龍如此大龍亦然

收放

收者束細咽喉也龍身行度處以之定峽到頭一節以

之觀入首即所謂束氣也平洋無脊脈可憑全在收處

察其眞假証其來源放者放開枝脚也帳蓋之大小纒

護之短長均于此定之大龍有大收大放蓋帳關峽是

也小龍只小收小於个字蜂腰是也收放愈多則愈有

勢愈大則愈張揚蓋收者如火筒風箱小其竅而氣方

健放者如瓜藤果木茂其枝而本自大也然非兩邊枝

水挿入不見其收非兩邊枝水分開不見其放插插入言枝水自韓水生人分開言枝水自龍身若一邊枝水挿入一邊分開如人字二者與義一也

無枝水分開即是邊有邊無或一邊枝水挿入一邊萬過

齊龍旋轉者不以此論此指直龍而言如橫非真收真放也收放真者大略

了數段方有枝水分開如不對節之草者即為參差不

起伏低殊難識認總以兩邊枝水挿入為憑因收處而

與山龍過峽相同但山龍之起伏高顯然可見平洋之

見其放放處而見其收也至龍身行度處高山以特起

爲少祖平岡以特斷爲少祖平洋以特收爲少祖故穴

繼之收放比後龍更爲緊要但後龍開帳過峽有兩邊

枝水挿入者或一邊枝水挿入一邊但有低田爲界者

亦以帳峽論不過力量稍輕若在穴後一節兩邊枝水
插入固爲束氣亦有一邊有枝水一邊但有低田低地
爲界或兩邊俱是低田低地中間高起一段亦爲束氣
之眞宜大坂平田兩邊無枝水插入又無高低束氣之形
水之峽也然飛邊須邊上展開堂局弔角須角上動而
有情即四面有水甚遠不拘方圓大坂中間插進一漕
而灣抱者亦有結作若邊角中間又無漕水動神
插入但得微微起伏有唇口堂砂峪如巒面山龍情神
蘢而不露不可以
無明水而棄之
其收放之極大者兩邊護砂有金箱
玉印日月旗鼓琴劍笏倉庫諸形或拱龍峽或護穴
塲文具應文武器應武堆錢倉庫主富琴龜鳳鶴主仙
形吉者吉形凶者凶穴中見之吉不見猶奇脊脈
之龍其形多連于本身或見于低田低地或見于高田

高地平薄之龍每于隔河隔濱見之或見予水面或見

于平田平地總以向我有情者吉無情反背者凶

附無

束氣

飛邊

之圖

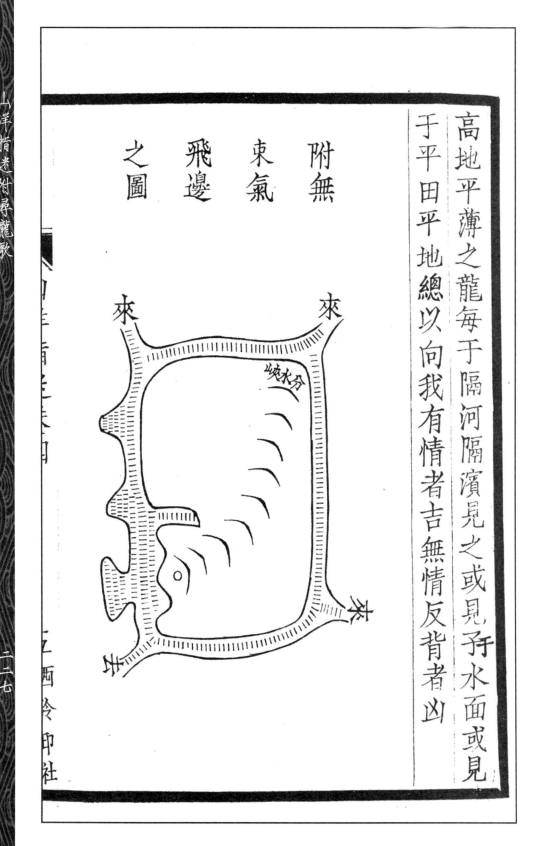

來　　　　來

　　　　　　分水暇

出

料

附無
束氣
弔角
之圖

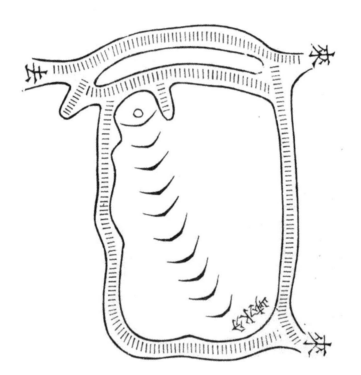

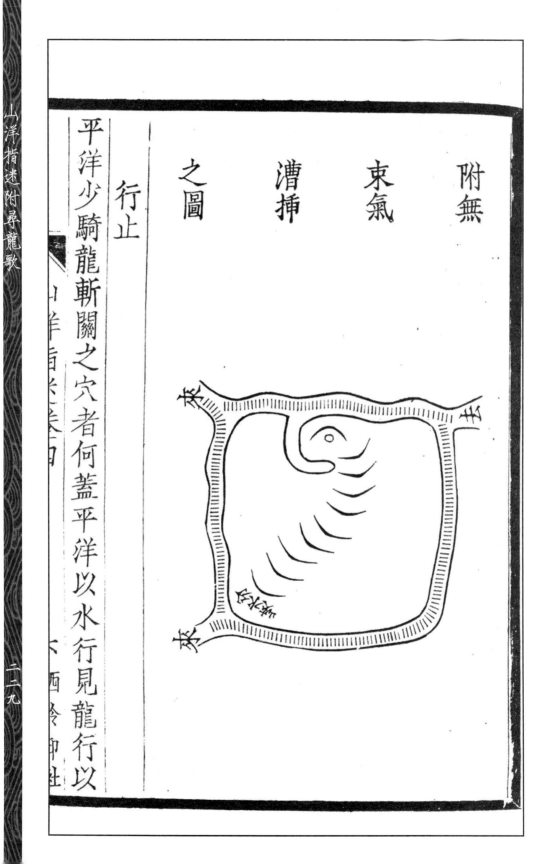

束氣

漕挿

附無

之圖

行止

平洋少騎龍斬關之穴者何蓋平洋以水行見龍行以

水止証龍止不若山龍有形局可借者比故曰到頭水

聚方能止水若無收氣遠奔然此亦就大合之內有小

合者言若直臨大水交襟之處［此大合地形必漸小纏］

護必短縮鉗局必不開以爲盡龍而取之必致衰敗楊

公曰尋到山窮水盡時地作茅菴容易棄故須倒尋轉

去看有一股下砂小水纏繞處只收一邊之水或橫開

鉗局或倒掛金鉤方是眞止平洋龍之橫結多而直結

少者亦形勢使然也口議曰二水夾出莫當前宜向左［訣］

邊或右邊神仙倒杖宜橫作下手雖空也進田又曰二

水夾出莫當中中心水去十分凶翻身作向朝來脈發

福綿綿爲坐空［穴宜橫作後一首申明上文倒掛金鉤之義二詩前一首申明上文蠻開鉗局］

之意穴宜逆托故大水未合而小水合得下關水來纏繞者定

有真止大水合而內無小水纏繞者不得爲止也若逆

水之龍其來處原是兩水夾送順行忽而翻身逆朝來

水〔界龍之水流東而界穴水流西爲逆局如龍身順行有漕插入流東而界穴水流西爲順局若界龍水〕

爲後托與〔逆結同〕雖逆轉處最多不過數節而其內邊小界水

與逆轉之龍勢相迎方有真止〔如外邊龍勢左旋方見內界水右旋方見內界〕

之合龍右旋者例推

如內邊小界水仍隨龍順行必是砂體經云

順水直冲而逆廻結穴方知體段之真逆水直冲而令

襟在後斷是虛花之地此之謂也〔平洋坐空朝滿須得明堂前低田低地爲明堂前〕

有明堂後有束氣自有鉗口下砂以證內界小水環繞〔若合襟穴後內無界水之水何以成穴即如裹頭水爲〕

凶者亦因內無界水之故

小水環繞之故

小界亦者即枝縫中水故又名枝縫水

鈎　金　附　　局　開　附
圖　掛　倒　　圖　鉗　橫

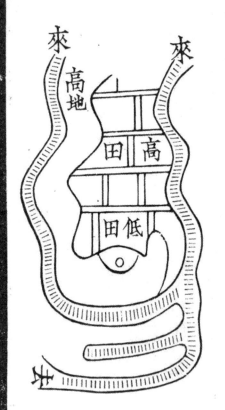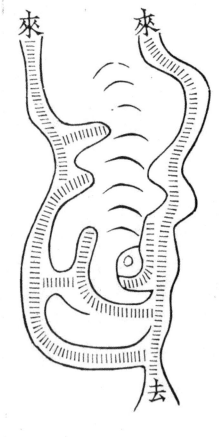

附順
龍後
托逆
結圖

來　　　來

去　　　去

西泠印社

附
合襟
在後
圖

來

去

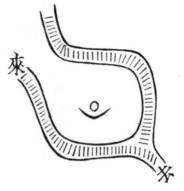

來

附
裹頭
水之
圖

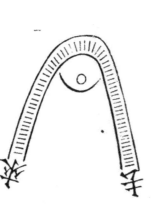

第一圖前衝後漏其
凶易見第二三圖以
內無界穴小水不吉

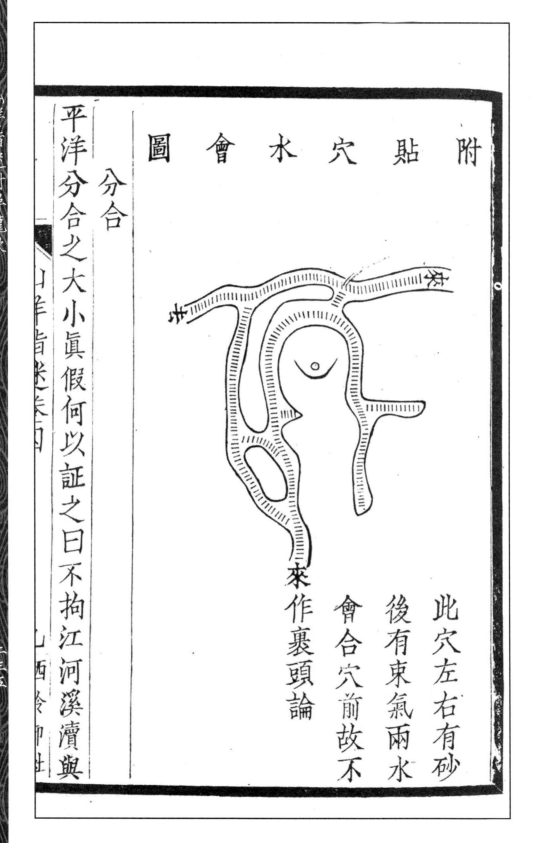

附貼穴水會圖

此穴左右有砂
後有束氣兩水
會合穴前故不
來作裹頭論

分合

平洋分合之大小真假何以証之曰不拘江河溪瀆與

山洋指迷附尋龍歌

龍之枝脚纏護俱夾收在內者是大分合處<small>此分指分龍處合指大合</small>

水即界龍之水枝脚纏護之內或低田低地或小溝小

濱兩邊夾來先分後合以界脈入穴者是小分合<small>此分指行分</small>

護外水合處即界脈之水從首之處分開枝水使咽喉<small>龍處合指纏護外水合處</small>

束細而脉清氣健到穴之處逆繞下關使堂局<small>此穴後水分</small>

緊收而脉止氣聚<small>此穴前水合</small>

有真分合可證龍穴俱是真分合即成龍成穴之水<small>真故曰成龍成穴之水</small>

小分合無真分合是假穴故真分合更不可少<small>以上言水之分合</small>

穴也合證龍平田旁舒兩翼層層湧來俱有向前之勢者亦

是分圓唇中間彈出兩角收上如月魄之倒覆轉者亦

是合使無層層撲來之勢何以見其龍之分而行若無

倒收之圓唇何以証其氣之止而水之合昔人爲桃花

滚浪非眞穴又謂眞氣之止不待臨流而氣已先收皆

指此也（以上言砂之分合證龍穴也）蓋平田有行龍之象即有分而

無合圓唇有倒收之形即有合而氣止況圓唇爲穴之

餘氣可驗生氣之有無有生氣吉則氣有餘而唇無

氣則無唇然有圓唇之合又不可無本身兩砂兜抱其

唇否則內界何能合內堂何能聚必有大界水扣肋割

腳之害故乘脊氣者要鉗口兜其唇（有鉗口即是兩砂兜抱可證貼穴小）有內界分合即（合水分）看水繞者須內界繞其唇是（微砂環抱）以砂內

必有水縣唇（鉗口兜其唇言）水外必有砂也（其唇言）故砂水之

合圓唇之合缺一不可

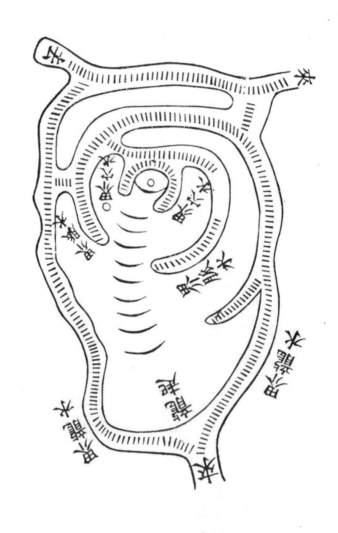

右圖界龍水兩邊如八字分開是第一分外明堂是

第三合卽大分合也界脈水八字分開是第二分中

明堂是第二合卽小分合也貼穴小水亦如八字是

第三分內明堂是第一合卽眞分合之水賴公曰大

分合水而已 指界穴小水言

地有三分三合水中地二分二合小地惟貼穴一重

按平洋順龍順結而有脊脉者宜坐高乘氣而扦當

以前圖爲式若順龍橫結逆結穴後與左右宜低所

以見本身之高且低則有水以證水外有砂環抱其

取短漕沖䀅者亦是此意至穴前雖宜向高但須明

堂低聚堂外砂高爲吉若前無明堂不成穴矣

山洋指迷卷四

向背

脊脈之龍看砂之向背爲主而水之向背自在其中平

薄之龍看水之向背爲主而砂之向背自在其中然砂

之向背又在開口之有無眞假見之水之向背又在大

水內小水外有無繞抱之砂見之〔平洋正宗云平洋點穴全在配砂配得砂〕

必有高起之砂可辯其向背如四面之砂背外背內面

而相向者是眞口而氣聚〔真口兩砂長而外背內面短不齊須下／砂或長短抱龍唇送下〕

〔來得水〕蓋平洋有以低田低地作堂作界者堂界之外

方是明堂氣聚卻下砂遞轉作案得下砂逆上砂只要〔闌住上砂／面不使穴〕

略短無妨上砂順轉作案〔闌住上砂只要上砂短收先到之平〕

順竄爲吉南砂均勻者穴居于中邊長砂爲嫌故逆不以順砂爲嫌故逆不以長

砂與山龍饒減挨棄法以順然逆局不以長砂爲嫌故到之平

洋猶貴認龍認龍之法以入水作地看以地作山看更以

大界水定來龍認小界水看入首放寬眼界細心理會則以

順逆自無遁形蓋水所以界龍脈龍身順逆水可憑

若但以水爲龍不明認龍之法畢竟似是而非古人以

眠倒星辰竪起看者即此意也

設有一面反背者是假口而氣散大

反無口則更無砂可辯其向背而氣亦散大 <small>砂背水亦</small>

也水內有小水界開方有小水交合可辯其水之向背如 <small>此承看水向背言</small>

下手邊之小水左轉來向上手邊之小水當逆向右邊者是

水繞而氣聚若下手邊之小水當逆向右邊者 <small>水繞即是砂抱</small>

而反順行 <small>向左而去</small> 上手邊之來水當趨向左邊與下手

轉砂水相逆者而反趨右是水不向不繞而氣散大水

之內無小水界開而相合則更無水可別其向背而氣

亦散矣 <small>此承看水向背言故內無開口之砂</small> 小水環繞相向者

此外雖有砂水相向總無益也 <small>此申明外有大水內無小水環繞之病蓋小水</small>

附配砂圖

両邊環抱方為開口之證據其一邊小水灣環一邊得
低田低地為界亦是開口若止有一邊小水而直硬者
外有砂水相向亦假
両邊環抱方為開口之證據其一邊小水灣環一邊得
低田低地為界亦是開口若止有一邊小水而直硬者
外有砂水相向亦假
砂 砂 砂 砂 砂 來 來 來 來

又
式

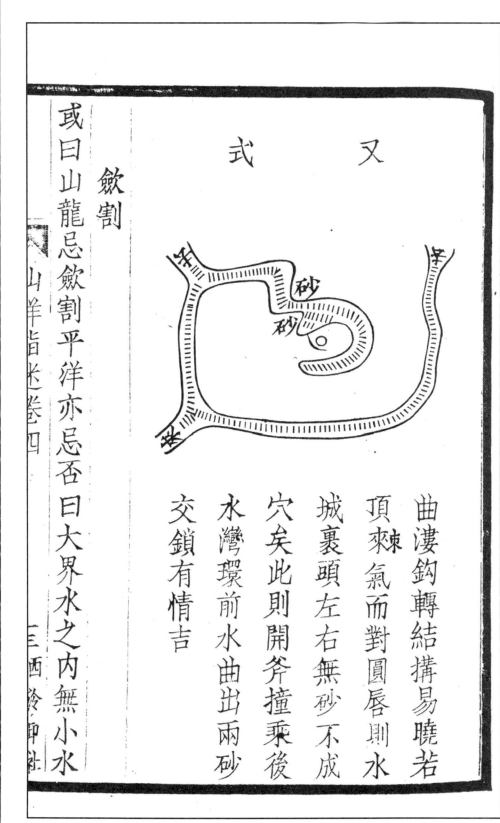

斂割

或曰山龍忌斂割平洋亦忌否曰大界水之內無小水

曲渡鉤轉結搆易曉若

頂來氣而對圓唇則水

城裏頭左右無砂不成

穴矣此則開斧撞乘後

水灣環前水曲出兩砂

交鎖有情吉

界開與無鉗口之分卽是斂也到頭之處無砂水眞分

圓唇之前無砂水眞合卽是割也蓋無分卽斂斂則必

割斂于入穴之處水卽冲身斂于兩臂之間水卽割臂

斂于穴前水卽割脚故大口之內有小口分合大水之

內有小水分合者方無冲割之患大水分合大口小

水分合鉗局分合是小口故大水之內須尋小水大口

之內須尋小口 此數語包括平洋

諸書認穴之法

仰覆

或曰山龍忌覆喜仰平地亦然否曰仰屬陽覆屬陰山

龍是陰體當于覆中取仰故突處以平爲貴平洋是陽

體宜于仰中取覆故平中以突爲奇然在陰砂開口之

中隱隱如汲牛吹氣盞內浮酥泥中隱驚者方不患覆

如突大而顯者必須開微薄之面吐平仰之

與山龍喜仰忌覆同若不在

陰砂開口之中又當自開鉗局出唇吐氣方可水鄉之

府縣基水漲時衙宇階陂俱汲而正堂水不汲者則至

高之處爲正穴低窪之所必無氣脈故平洋圓胖肥仰

而高于眾處者爲氣之所聚城市村落皆然此即平中

取突也開口之陽基穴在掌心低處兩邊有高砂作護

此即陰砂開口取微薄之面平仰之唇也

　枝幹大小

辯平洋龍枝幹在分水處

水處
而言

兩邊水源俱長大者是幹短小者亦是枝一邊長大
一邊短小者亦是枝水源長大而大合水在數十里或
十餘里者是枝欲知水源短長則以兩邊大界水廣狹定之廣
者是枝水源短小而大合水在數里或一二里
闊者水源長狹小而水源短長而不廣闊錐幹龍而力
薄短而廣闊錐枝龍而力厚至小枝龍或一邊溪水一
邊田源水夾送或兩邊俱是小水夾送會合穴前左右
此辯枝幹法也大幹大枝窮盡處必不結地惟脫出至
小之枝每在盡處融結（大幹大枝盡處即大合水交襟之所故不結地若脫出小枝近）
穴（雙小水以大幹大枝餘氣作護者仍有融結）枝龍不納幹水幹龍亦以不見
大水為佳也若幹龍至將盡處枝龍傍大水邊在腸腹中

大永小水
縷繞之內 收納界水而不見大水者力大如局面開闊

而向大水者必須小界水（即界水脈水來路遠內水即水穴纏繞）

有情明堂容聚餘氣鋪張前砂攔水穴間只見一線灣

環或如鏡圓靜照爲妙如面前直見汪洋定不成地故

地在腹中者十有八九在大水邊者十之一二在大水

邊而見大水者百中一二惟龍長力大之陽基局勢相

當方可直臨大水蓋陽基宜鋪盡（即開拓之意）不同陰地宜

收聚也然亦須小界分開（小界分開即是入脈之處）束氣明白方眞

後有束氣前有眞結有等枝龍之水（水來源短是）因低窪而聚爲湖池

其間亦有取裁但不可太近亦不可別無小水纏護恐

有蕩胸潑面割脚空亡之患設無小界水分開被大界

水貼身為割肋貼身者大界水貼脉無內明堂聚氣被斷不成

橫水扣唇為割脚者水貼唇前此言穴前無合斷不成直行此言穴後無分如無內明堂即是無鉗口如唇

地池湖曠蕩無近案攔砂穴小水大亦為空亡若辯平

洋之大小去山未遠有脊脉可尋者宜朔其來歷亦以

兩邊大界水長短潤狹定之去山甚遠之平薄龍衆水

交流無脊脉可見者只以交會水多寡大小出口處闊

鎖疎密定之總以帳峽纏護多佔地步廣者地大單砂

單水纏護少者地小至于偏全聚散山龍平地相同不

必復論

　渡刲

或曰龍有遇水而止有渡水而過又有所謂水刲者何

以辯之曰龍未到橫水（如龍脉自西過東大河而界水自南流北故曰橫水）合于田中即因水合而止龍巳到橫水水底無石骨硬土彼岸無分水脊脉則遇橫水而止如龍巳到橫水邊或將到橫水邊而田間兩邊界水分落河中水底有石骨硬土中淺旁深彼岸有分水脊脉則渡橫水而過故曰龍過千江不過一堂一堂者小界水合于田中也若河中雖有石骨硬土彼岸雖有分水脊脉而彼岸田水不隨龍勢前行反倒流入過龍河中此兩岸龍脚相連非渡水也（如龍脉從西岸穿過黃河渡到東岸龍行若反流入橫河則兩岸俱是龍脚非渡水之龍）但龍只渡橫流不渡直流如大水自西向東直流兩岸小水俱自南向北或俱自北向南者

龍能渡水大水自西向東龍脉從南岸渡過北岸者兩
　岸者兩岸小水俱宜自南向北龍脉從北岸渡過南
　自北向南水俱宜活看若兩岸小水亦自西向東水底即
　有石骨硬土亦是兩邊龍脚非渡水也龍能渡大江大
河不能渡山谷之小溪小澗卽溪澗石骨連片或如一
塊生成亦是兩邊龍脚相連並非渡水故云平洋有兩
　江之脉山谷無過渡之龍當與前卷論此節跌斷過脉處不可例論此節泰
看或曰有生成橫水以界龍脉有開掘河道以斷龍脉崩洪峽一節泰
年深月久何以別之曰水倒過一邊合流而去者生成
　之河也逆龍之水直流而橫河之流可左可右者開成
　之河也生成者能界龍脉開成者不能界龍脉也生成
　之河猶能過者渡水之龍也開成之河而龍亦能過者

傷其面而不傷其體也然則開河斷脈亦有害乎曰脈

之闊大處無妨狹小處有害離穴數里外者害小在數

里內者害大未扦而斷害減已穴而斷害速所謂水刧

者應有脊脈處 去山未遠平洋跌斷 過脈處宜有脊脈 而無脊脈左水可

過右右水可過左也江河流通與開掘河溝而水過者

均不爲刧大水淹沒龍脊而流通者亦不爲刧惟跌斷

處無微高脊脈而水可左可右者方謂之刧故跌斷處

微微脊脈斷不可少平洋亦有玉湖玉池天池諸峽 詳前

卷山龍論峽篇 四時澄清不涸者前途定有吉穴

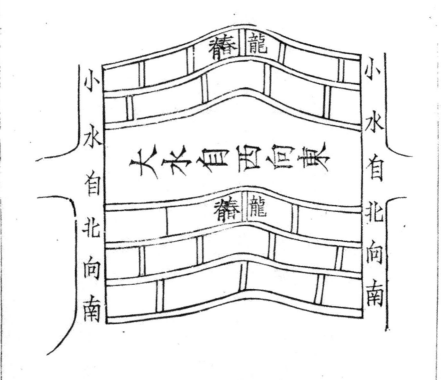

龍渡水附圖

龍腳相連附圖

西

兩岸田
水俱流
入橫河
橫河
南來水
北去

東

兩邊龍脚附圖

南

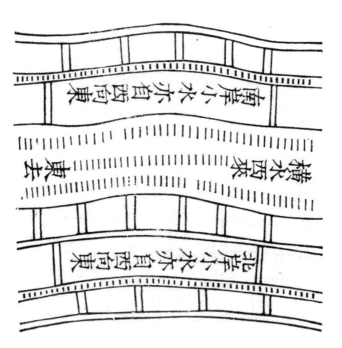

北

山洋指迷卷四

迎龍送龍濱附圖

西

浜　過脈　送
横河　　迎

東

西泠印社

古有迎龍送龍濱之說大略與山龍過峽迎送砂相
同如龍脉自西岸渡過東岸西岸兩濱水流入横河
東岸兩濱雖亦流入河中但其內邊田水隨龍東去

此係渡水之峽非龍脚相連

龍體穴形

平洋亦有星辰龍格體勢穴形星辰者平洋之五星九
星所謂波浪水滚浪金牛月金倒地木曲尺木浮簸木
棋盤土柿蒂土鋪毡土磚角土暗火開紅落地金錢是
也龍格者三台五腦九腦丁字玉字玉尺蘆鞭金蛇過
水曲水之玄單獨芍藥蒹葭楊柳等格是也體勢者龍
蛇魚鱉晒錦鋪茵或如蛛絲之經行瓜藤之延繡鷗鳧

之浮沉藕絲之牽帶田塍層疊如波浪之湧來

平洋正廣
宗云

坂之中四畔水讀內看田塍動氣有三法一曰橫來形

如初月兩角向下層疊橫來見直塍之所結穴二曰收

來亦如初月兩角向上勢如疊浪至方坂動而將靜處結

結穴三日魚鱗感如冰裂紋狀中有高低至開口處結

正之所結于方

或結于方

培塿紛紜穴宜開鉗口或旁砂環抱為吉取

片之法坐實向

虛與山法同

如風雨之遞至此皆氣行地中故能湧

起而成形成勢也其自平洋湧起於低田面之高田高

地必原氣脈如江浙水鄉之平洋湧起于水面上之平

田平地得尺許高田高地卽氣脈也然氣每在細小處

見之若一片散潤雖有高田高地無益故入首貴乎束

氣脈平論入首

此論體勢來入首有高平二體其與來脉相等者為

平得內界分明貼身砂頭雖不湧起而本身是特高之

阜亦爲眞結〔此陽來陰受之體雖貼身無顯明之不然〕

雖有來勢而無特起星辰又無貼身界合玉尺經云一〔砂既得內界分明自有陰砂環抱〕

片頑皮將奚取証入首比來脉處高數尺數寸爲高亦〔此陰來陽受之體有陰不貼身界合〕

然非他山之用神即星散之墩阜雪心賦曰滾浪桃花〔砂環抱方有貼身界合〕

須貼身界合分明陰砂包裹

隨風柳絮多是無蒂無根未必有形有氣此之謂也蓋

地形有高低砂水有偏勝脊脉高起之處砂顯而水隱〔承入首比來脉脊脉隱〕

故論砂之開口在微茫之界合〔承入首比來脉一段言　高起一段言〕

伏之處水顯而砂隱故水之纏繞于平薄而開口之形

自在其中〔承上言以下論龍穴相等形體一取開口之形者以砂　段言以下論龍穴相等〕

爲主以水爲客砂勝者開口之形多如蜈蚣蝦蟹諸形

不下數十水勝者開口之形少如出水蓮花泊岸浮籬

逆水砂洲三者可以盡之然開口之象有四焉如旁分

兩股為砂中含低田低地為堂者是太陽作蜈蚣蝦蟹

金盆鈎鈎玉帶虹腰新月合角等形皆太陽之象也 開陰

襄陽為 太陽 旁分兩砂中出一脉兩邊界水之外有鉗口者

是太陰 外界 中有出脉兩邊小水界水在內故曰界水之外有鉗砂在作落花

浮水烏鴉伏地丹鳳啣書黃蛇出洞仙蝦翹首 龜鱉 鼈氣 鉗陰 鼈露

背結網蜘蛛匣中寶劍諸形皆太陰之象也 為水陰鉗

口内龍脈徵高而牽連者皆是 太陽開口閻大起微突于中心者是少

陰作盞内浮酥金盆獻果匣内藏桃釜中煮蚩龜蟹浮

口内龍脉濶大中間 太陽開口濶大中間大即大

沉仙蝦窺珠等形皆少陰之象也 起突者為少陰即大

塊平里載四
面

瑰高者亦是
微高者亦是

陽作雞心口螺屬口仰掌雞窩皆少陽之象也　陰開薄

恆爲少陽凡突大而顯者是

太陰形體豐厚開微窩于當中者是少

微薄之面吐平仰之處俱是推而廣之出水蓮花泊岸

浮薛是太陰之體逆水砂洲是少陰之體古人論形因

其似穴之口而取之今人論形忘其取形之意則失之

遠矣　論堂砂穴形真偽皆于此辨　因唇口而開口者無形亦真

不開口者有形亦假總以砂之鉗局作水之纏繞以水

之纏繞作砂之鉗局　有纏繞之水即均爲有口理歸于

一也有口更須論唇陽口無唇是空口　純陽散漫陰口無唇

是死面　裹煞純陰　有唇還須論砂無砂兜抱其唇則明堂

不成界水不合　小水不能會合　有砂然後成堂抱兩砂之處

脚是有堂然後成口有口不可無脣故脣口堂砂不論

何形皆不可少但直開之口易曉橫開倒開側開之口

難明有出脈而開陰口者易曉無出脈而開陽口者難

明當何以辯之 以下論陽口

口者爲直口脈直來而橫結以來去之身兩邊相掬爲

龍虎如虹腰牛軛之橫彎如玉帶瓜籐之顆節者爲橫

口脈直來而側結亦以來去之身兩邊相掬爲龍虎如

新月梢之微窩處如側掌之食指節處者爲側口脈直

來而倒結以鈎轉之勢爲龍虎如鈎鈎金鈎鈎刀之口

者爲倒口山之勾轉者非後有眞背不可平地之勾轉

者只要後有微頂前有薄脣明堂背後拖出無妨 山龍橫開

倒開側開之口後無鬼樂必須真背辭出平 故點穴之
洋穴後者亦作鬼論但面來轉向者佳

法以下論

不論何口只要看其脣之圓處堂之聚處爲

承胎而葬 乳突窩鉗註詳承胎篇 少陽之口脣吐口外穴在窩下

亦然之口 此聚論陰陽陽開裹陰 太陽之口脣氣內含

主陽口左旋者氣必略偏右右旋者氣必略偏左陰口爲

太陽脣氣短縮故宜承胎窩 太陰之口吐氣爲主薄處堪

少陽脣氣外吐故宜扞窩 少陽之口唇吐氣爲主薄處堪

親厚薄多少陰之口一突爲奇微頂可蓋平中微浮可作穴若突大宜

扞頂前若平地之穴脣吐口外者不論口之大小居出

微屑厲處此即少陽之口宜扞窩之

氣聚此中者以脣吐而脈隱也 金盆無口亦然此即少陽之體

在宜扞突之中者以氣聚而水無出處四時澄清不涸者吉 書云金盆吉催

開鑿夫踪不可以四象定者後以束氣爲証前以明堂

聚處爲憑而消息之庶乎其不差矣

附四象圖并說

太陽
穴法

少陰
穴法

太陰
穴法

少陽
穴法

右圖山洋略同可以叅看蓋山龍平地雖屬兩途而

陰陽相濟歸于一致如太陽之象陽之極也陽多取

陰扦頂前微屬處與山龍橫開鉗口無出脉垂下橫

担貼脊而扦者相同太陰之象陰之極也陰多取陽

宜親薄口與山龍兩邊龍虎搁抱中垂乳突之形在

簷下平處扦葬者亦相同太陽變少陰是陽動而生

陰即山龍無顯脉之深大窩鉗宜認陽脉而扦于水

平臍結之處太陰變少陽乃陰動而生陽即山龍乳

突開口唇氣外鋪宜扦窩下之穴法有四象形變

多般一隅三反總不外乎陽來陰受陰來陽受陽多

求陰陰多求陽之理平洋如此山龍亦然

附 拱 來 圖

圖之麼鱗魚附　　圖　來　收　附

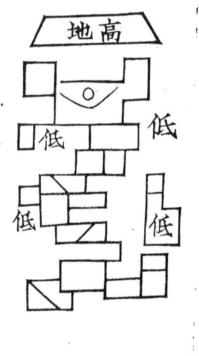

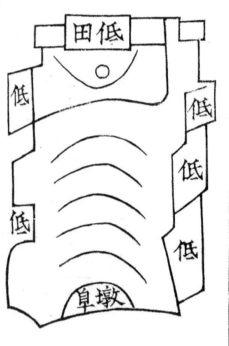

脊脈水繞

平洋方域不同形體亦異不先辨明法無所施今約為

二即乘脊脈看 二水繞二法 以概其餘陝汴齊魯之平洋得西北地

土高厚之氣與各方去山未遠之平洋得山脈未盡變

之氣故以低田為壇璪而龍脉行于其上如底藤之蔓

延以高田高地為龍為砂低田低地為堂為界穴後兩

邊低田低地如八字頭之插入據為東氣亦有以水濱

為內界來氣者 水近穴故日界入脈之 必有界龍之水在纏護

砂水之外 界龍水在綱護砂水之外 此平洋尚帶岡阜之

體廖公所謂半洋乘脊氣是也 此節論云山未遠平江洋以脊脈證行龍平江

浙水鄉平洋東南地勢卑薄去山甚遠岡體盡無者故

以水爲壇琛而龍脉行于其上如簁浮水面其平田平

地即爲龍爲砂小河小濱爲纏爲界穴後兩邊小濱如

八字頭之插入爲束氣亦有以低田爲內界束氣者界

龍之水在纏護砂水之外此平洋脊脉隱伏難尋揚公

所謂平洋有水繞是也〔此節論去山巳遠平洋以水繞證龍脉〕

處宜乘脊脉而〔此指去山巳遠平〕嘻而無尺寸之脊脉必無鉗口明堂雖

有砂水勿爲所惑不能起脊脉處〔此指去山巳遠水繞平薄而言〕而能

有凹寸之脊脉即高一寸爲山再得水纏更爲有據乘

脊氣者非不必以水繞証鉗局而可憑不獨水繞因體

以見用也〔脊脉水繞爲體用〕看水繞者非不必求脊脉于平薄

而可憑不惟脊脉因用以推體也〔鉗局證水繞看水繞〕

者曰水繞証脊脈

以下二節論穴

謂之乘者乘于陰開裏陽陽開裏陰

之口中也陰開裏陽者後以脊脈盡處為頂脊脈盡處必然微銼

堂穴水不分兩邊但團聚于口內為雌雄內結如蜈蚣故能見頂

旁分兩股為砂前吐薄口為唇中含低田低地為

之鉗即所謂义口禾鍬口也陽開裏陰者旁分兩砂中

出一段以脊脉微高為頂以薄唇吐出為面兩旁有微

分水痕水外者微高鉗局界水在內其水自穴旁分開鉗局在外雌雄內結外結註如蓮花之雌雄窩鉗詳乳突窩鉗篇

而合于唇下為雌雄外結詳乳突窩鉗篇

心即所謂三义口合角口也然亦有太少之象焉前篇四象

兼論龍穴此惟陰開裏陽是太陽其開口潤大中起微論穴開口之象

突者是少陰陽開裏陰是太陰其脈體豐厚中開微窩

西泠印社

者是少陽　註　詳龍體穴形篇　如與穴情方為的確明堂方填有

見方有　不然雖有脊脉何為　此節論乘脊脉者以鉗口

明堂　亦謂之繞者　若但有脊脉而

無鉗口　相乾水

要活水環繞也蓋大水眾所共依小水穴所獨受小濱

界開龍砂之水活水界且龍脈之水故大水内有小水

纏繞氣㳡聚界而穴方真下砂外有活水陽朝龍方止而

局方緊然亦有雌雄之媾焉　龍水左旋龍其性情必趨

向右須右旋水性情趨向左者配之與本身下關砂水

相逆共繞下砂外會大合水而去　界龍右旋龍其性情

必趨向左須左旋水性情趨向右者配之與本身下關

砂水相逆共繞下砂外會大合水而去如是相媾方謂

之繞不然水倒龍去

合河爲〔此節論水繞者以龍水配合證穴若但有小水之合而龍水不交者終假如龍右旋水是也右旋是也爲不媾不繞雖有水有等去山〕

未遠河多闊漾渡水亦多脊脉在尺寸之間其內界多

是小濱者得爾小濱左右環抱界成龍虎濱頭插入據

爲束氣龍左旋者自然右濱纏過元武龍右旋者自然

左濱纏過元武方無流水沖頂之患〔此是濱底纏過元武水會穴前非水往穴後流去也〕

外面又有活水朝繞如出水蓮花形者不必本

身有開口鉗局自有真結然脊脉微高斷不可少〔此論近山平洋有水繞者不可無脊脉〕

脊脉可見其內界多是低田低地者得低田低地爲束〔有等去山甚遠多高田高地渡水亦有〕

氣爲明堂高田高地爲攔砂爲鉗毆者不必本身有明

水纏繞亦成美地界入穴之水宜前有攔砂鉗口可證到頭一節以闊田低地為束氣即有

小水會合故不然大水會合亦宜不可無穴言穴內無必明水繞纏繞以證龍此宜節論山遠平洋夫平雖有脊脈而無明水纏繞者不可無大水會合明水故須大水會合以證龍此宜節論山遠平洋夫平

洋不可不開口而水鄉獨不然藏或曰大界內有小界界內有砂而知其形如

開大水內有小水纏繞則大水之內有砂而知其形如

出水蓮花者與陽開裏陰之口何別之體即太陰然則泊岸

浮籬與逆水沙洲二格亦有纏繞之口歟曰二者皆在界脈水兩邊分來界穴水亦兩邊分來

四水交會之內均至穴前左右會合故曰四水交會

泊岸浮籬大水繞下砂龍脈牽連不斷逆水砂洲大水

纏元武于穴前會合仍有龍脈渡水而來自有纏護圩田與水繞穴後

廻轉有枝皆透入水中而星列于四面界脈之水必在

纏護圩田與廻轉餘枝之外界穴之水必在纏護圩田

與廻轉餘枝之內砂之斷如界穴水在纏護砂之內面

也其中名各自有條非無分別 試于水漲時散粗糠于上

此纏穴砂須遠着不然穴星

外內皆穴之意言界脈水在纏護砂之內面

足力 水

細田理會

流其內外分合之形自見

何以見其中尊自主而四面隔紙圩田如魚如禽如井

田者又何以見其外皆內而相向有情流水不能不冲

其身耶惟水繞可證其砂繞砂繞則水不冲穴而見其

中尊自主也于此推之泊岸浮用是太陰之體其隔水

纏護圩田如井田之形者與中出之脈旁分兩砂之鉗

局何殊逆水砂洲是少陰之體其四面纏護圩田如禽

魚之形者與太陽開口濶大中起做突之鉗局何殊但

太陰少陰之口砂膀者盡連地面頭露于堂界之内此

二者則在四水交會處内外看之証其鉗局為少異耳

故曰平洋不開口神仙難下手平地水鄉其理一也此
節

論水鄉開口申明 水乘脊脉者即枕毬簷之意亦即陽
繞即有鉗局之意

來陰受陰來陽受之意得有眞口穴情方的以開口為

主脊脈為客也看水繞者即先看下臂之意亦即論龍

虎之意故曰無龍要水繞左畔無虎要水繞右邊山之

龍虎乃取開口之形平洋水繞證鉗局亦取開口之形

以開口為主水繞為客也故不論高山平地總以開口

為貴但其口有高低隱顯大小陰陽之不同此篇大旨
乘脊脈若

陰統陽受有水繞終須大水小水之相接以見陰
不可無水繞看水繞者不可無脊脈而乘脊脈不宜孤

出水蓮花之圖

陽相濟方戍配偶更以鉗局證水繞水
繞証鉗局發明開口之義殊為鉗鮮

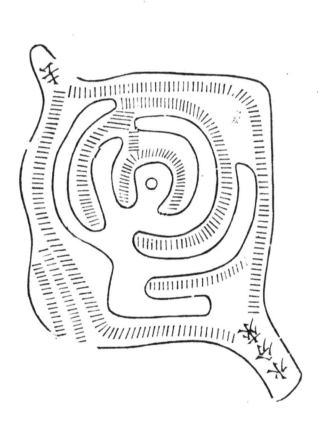

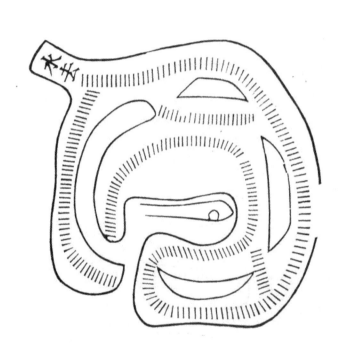

逆水砂洲圖

平田低田

或曰去山已遠之平洋無脊脈之平田亦可用水繞之

法否曰江浙水鄉非無脊脉但地勢卑薄穿渡復多脊

脉低伏而不見故看水繞以証脊脉所以無論低田湖

鄉凡大勢皆低者内有微高之處即爲龍脊只要收放

向背分明鉗口唇堂可證不以有水浸沒而棄之揚公

曰水退即同乾地力是也若去山未遠之平地平田原

有脊脉可尋其間若無脊脈必是無龍虛假之地縱有

水繞惧扦必敗

水穴

真龍入水山近者有石骨山遠者有土脊或見于水面

如鷗鳬之容波或潜形水底如魚鱉之隱藏浮于洲者

易扦沉于水者難察果後龍真的水中有石骨硬土自

有結作或水乾露其形體水淺鉗口隱見與乾地龍脈

穴情相同西培客土成洲仍掘至原處而止<small>見原土攔棺乾</small>

土之上掩土作堆經云捉月底穴名水雛云在水中還要<small>廖公</small><small>如無錫華氏鵝</small>

土來封然其水溫煖者真故古有水底穴之說<small>肫蕩祖坟</small>

是其格也第非法眼不能辯此稍有差池貼候非淺

火嘴

楊公曰高山落平地若有火嘴看尖之盡處又開鉗口<small>鉗</small>

爲暗火開紅所謂火放灰中紅影生也如尖嘴不開鉗

口爲死火帶煞不可扦葬此言不解者多予見倒地火

嘴陰砂繞抱時師理葬尖生坐下退田筆立時禍敗後

移至兩火尖义中竟致絕滅又有候會落不落看尖角

之語頂火尖而葬禍不旋踵殊不知暗火開紅者非火

尖上下可以立穴蓋火炎上則燭照光明星峰似此多

主文秀因其本體成腳尖射無情故只堪作祖而無融

結平地火嘴亦只可作後龍須看火嘴之前隔數畝田

地有高田高地湧起平中一突〔得妙〕土星側臥是唇兩邊

砂抱陰之口突大而微壯薄唇穴前可容側臥如小明〔平中之突四面皆低全憑兩砂爲穴證此砂如少〕

嘴處即火嘴也或尖盡處分開鉗口而成陽窩出唇吐氣少陽〔之口大全云大山墩落平坡氣聚尖頭者有包砂方可〕

者方爲暗火開紅若不明此慎毋下穴〔此即有眞正明堂〕

　沿海
沿海新漲沙地雖坍漲不常然民間居葬于此未嘗不

發富貴人丁當作三項論之其一漲起之地如有行龍
脊勢分合情形者此因水底原有龍脉故漲起即有氣
以鏺成居葬其上自可發福其二砂環水繞俱在人功
氣聚風藏亦由造作與攢基一般雖無龍脉受鏺成之
氣亦能發福但不久長其三新漲海灘種種植者開河洩
水取土培基或從無情處脩改雖無龍虎亦有界水雖
無生氣自得水神之生氣有水即亦可安其土而食其
毛崇明崇紹海濱有富貴者類多如此

山洋異同

高山之法可通于平地既曉高山平洋不難果盡同乎
曰有同者有異者有大同小異者蓋山洋俱有祖宗枝

榦帳峽纒護行龍俱有兩水夾送結穴俱有圓唇界合

龍虎明堂下砂水口向背聚散此則同也高山見火嘴

則氣絕而不行山龍跌斷而尖利者爲死平地見火嘴

則龍行而穴近平地龍爲火嘴有脊之形行龍束氣細小者可證其來惡若

此指無陰陽言無情處惟有火尖之體不以此論

變化者

高山以砂勢分合尋龍得砂勢包收錐水平洋患純陰包煞平洋患純陽散漫

不交會斬腰截氣亦可葬也山龍行度處得砂勢包收必明水交

錐砂勢兜收風翼遊鱗難以作穴四水不交則氣何詳水脈篇

平洋以水勢分合尋龍非四水交會繞脊

如烏之展翼送龍砂體無此結眞情

高山以起伏爲勢而收放亦顯平地以收放爲

之界行龍

此平地與高山之異也言山

勢而起伏甚微高山起伏虛設處多平洋收放虛設處

少高山節節分枝結咽而不成穴者十之六七平地或

數里或里許分枝結咽而成穴者十有六七高山起伏

結咽亦多結地少者勢環聚處少也平洋收放少故分枝

分枝結咽亦少結穴者平洋有真結也此

言山洋分枝束氣即有真結也此

因結穴之不同高山陰多故取陽坦為穴然傳變純陽

又當散中求聚而取平地陽多故取平中一突然傳

變純陰又當以陰取陽而尋窩此論陰陽形體

以柔故曰壠葬其麓傳變為柔又當濟之以剛葬之

法可用平地性柔濟之以剛故曰支葬其巔傳變為急

又當濟之以緩葬麓之法可施柔變通高山承脈就胎

而蓺平地有脊脉者亦宜坐高承氣平地穴居中則氣

聚形此指平地之窟唇吐口外及金盆之穴法言詳見龍體穴形篇

宜居中者山形俯之者穴在低處乘氣居中此言臍腹之中此言低處穴居中

純陽又以厚爲生平地以厚爲生變爲純陰則以薄爲生變爲

生山此言穴法異同論　高山忌風吹平洋無貼身分合是即　高山以薄爲生變爲　高山穴形俯者亦

不開亦忌風吹平洋嫌水刦詳渡篇　高山跌斷處無痕影

分水亦嫌水刦高山喜廻龍逆結下砂緊抱水纏元武

者可取平洋喜水纏元武而貼穴無小水纏繞見水之　高山穴前水聚天

去者則忌山龍逆結身亦然若氣界流乾而去者內無界穴小水後無束氣而去者內無界穴不成地故坐低田　高山穴後小水均宜坐空之法至

心者貴平洋向低水聚天心而有重砂包裹者亦貴平洋　穴低地與地濱合者而去方小合坐空之法至高山穴

忌向低者穴前水不聚也得水聚天心更有重砂包裹

最吉此言山洋分合水及水纏穴後水聚穴前異同

高山以動為生平地以圓為活曲山靜宜來忽直直來忽轉面大

平來忽吐唇峻來忽平坦連來忽圓靜皆天然生動之穴

氣圓者動之機活者氣之見穴前之唇旁之腮與穴

外之砂皆有圓轉之情亦是生氣山洋皆然至平洋穴

或坐水或扳水或倚于左右均宜親砂水圓活之處

高山傍砂點穴平洋依水尋龍此就山洋題見者言然不配砂

高山尋龍未嘗不依水也此高山平地同中有異異中有同也四節

統論山洋

龍穴異同

山洋指迷卷四終

跋

地理書首推楊曾廖賴但文辭深邃每求解人不得周

師撰指迷書四卷前賢秘旨藉以發明洵爲楊曾廖賴

諸書闡註俞子歸璞叔氏卿瞻以是書相傳年遠鈔錄

舛訛取舊藏原本增註刊行不啻元珠在握寶鏡重光

有禆於究心斯道者意良厚吾郡鍾式林先生云地非

無行之人所能指亦非無行之人所能得予願讀是書

者潛心揣摩自可登楊曾廖賴之堂更以忠孝廉節存

心無負周師傳書意眠牛白鶴古人蓋確有可証焉

乾隆丁未臘月山陰吳太占跋

吳氏聚珍版

錄沈紹勳堪輿諸書偽正弦一則

山洋指迷四卷

明周景一撰景一臨海人元末佐張士誠襄贊軍事
士誠敗避居紹興客山陰州山吳氏為吳氏卜葬多
吉壤郡人聞其名爭相羅致凡越中古墓其碑碣有
勒守宮形者皆景一所下紹勳嘗至其地相景一卜
葬之墓悉中形法家言所著山洋指迷四卷言山形
者三卷平洋一卷條理分明一掃繁碎之病足為形
法諸書之南針取名指迷洵不誣也景一又有尋龍
歌未梓行鈔本頗多類皆舛譌百出同邑丁氏嘉惠
堂亦有此本似較他本為善附錄卷末

錄周景一先生尋龍歌

萬山中有最高峯此是龍家大祖宗直從巔頂細察
之或榦或枝分正從正龍當心陽出脈從分兩翼分
排列劈脈分枝逐節尋前去精神看過峽龍起大頂
聳明肩肩下最宜生蟬翼蟬翼不生脉不明脉即行
時亦硬直貫頂心腰中出陽生脈前去定結真奇穴此
砂飽面陰死出只作應樂羅城列
脈盡穴旁生落脈無此界穿肋遠尋祖宗近入首
首入手仔細搜龍辨吉凶定貴賤皆由于此無差謬
所以龍重到頭山頂上星辰體要端星辰無面不垂
頭有面仍同菩薩觀化生腦下尋微肩頭不垂分頂
必蹋頭垂不塌看矬平平來還甂知的端有似孩兒

顧門樣穴成窩突憑呼吸陰陽生死在微茫從此尋

時端可識古言穴如瓜在籐大龍盡處防氣絕真龍

多是落半腰逐節還尋偷閃出大山之下再起峯此

是少祖龍頓跌那邊開面那邊真否則非龍成砂脊

閃龍亦有不起頂偷落旁肩難推識八字雖無面自

開莫作餘枝輕拋撇搬旁結之小帳面多不是掛支卽

分結凡是正龍頂背圓從出朝人主端立亦有正龍

出脈偏貼身侍衛何曾缺從龍出正性情偏不眼自

主情非一果是正龍真氣到自然四應俱周密藏隱　走偏

開小堂何必堂堂對大洋搜奇　一法惟憑應與堂得

搜出真精髓奇文御是正文章

局尋龍亦有方水曰龍行千萬里龍止水界㷊自藏

更有尋龍看盤旋我亦時常聞其說大勢左轉從右

尋大勢右轉向左覓看盡龍神變最多五星九曜難

細述正必端嚴變必斜龍到結穴同一律最怕前人

開鑿來頓使眞龍先天失設須細看憑趨裡候墊多

因循外跡莫道尋龍便不難穴上情形龍上看龍無

全護結單提左右由來總一般立穴雖然名色多乳

突窩鉗法裏全雙臂還似偏窩像懸乳懸胆皆突變

倒氣乘掌大指根垂珠瓦角下絲牽窩大無突依實

法窩深無突去尋胲淺窄窩形如何取乘氣惟從正

折安窩中突大再尋窩時褥上粘來脉化硬

實脫平微微隱突下于簷側突脉斜正受正突脉

直閃側間一突一窩盡萬變弦面分明妙法傳莫認

遊胲與虛窩無脉窩突別樣看龍之真者脉自露穴

之真者氣自現所以先要識龍精識得龍精穴易點

識穴又當識葬法蓋粘倚撞順逆安倚是正安倚是

偏粘如地穴蓋如天要識順逆橫直倒十二倒杖法

最玄葬到成形穴更明顧子 形眼裏存聽蛤黃蛇

情在耳汲水牛馬鼻內針飛鳳飛鷲情兩翼眠牛眠

犬腹內真飛天蜈蚣鉗內藏嘯天龍形口中認更有

妙訣少人知穴真自然應樂真第一點穴看圓辰正

圓側圓那邊親假唇圓時從邊出圓處深藏情始真

第二看穴看明堂不論正側與圓方但看交水分真

假親正親偏兩法　當第三看穴証砂水更從砂水分

向背無砂無水　如何取分盡之處肌理開第四點穴

看官鬼橫斜脉到　兩般看前唇後枕能區別一任奇

形亦不難乳突穴　全憑蟬翼窩鉗穴看牛角砂砂分

照應穴之據砂成　龍虎穴成帳角穴之甫砂成帳角穴之勢砂

生枝脚穴之護龍　無迎送龍不來穴無迎送穴恐露

或爲纏護與羅城　四應均平日月尊天狐天角排左

右天乙太乙兩邊存　金魚袋似腰間掛排衙唱喏多

禀承駕龍駕虎要　回頭拭淚走竄此中看砂法惟情能性

非一端得力全在　下手山下手山如勒馬形逆轉能

將氣局關莫道順　龍無下砂只將對面作闌闌順水

之砂曰退神進神砂從水逆轉案山一灣攔百病最

忌臃腫與懶頑是砂亦要形入相成星開面喜相扳

金星旁列多富貴武土星夾耳亦同詳儲錢峰似饅頭

樣狀元筆從參天起用貴須知主更崇主不尊令吉

化凶木如燥火貴亦災金砂孤罡富後窮更嫌太純

無化氣委靡不振少和同如能相間復相生將相公

侯砂法中龍穴真時砂是真吉凶還須看水神之玄

多吉直蕩凶古仙有訣亦諄諄色亦可觀味可嘗最

喜澄清旨與香若是臭苦恐非吉汚濁黑暗亦欠良

此法精微真奇妙世術茫然何不曉但云大水要洋

潮誰知仰蕩禍非小是故水法受凝聚不論細流并

潦倒凝聚無砂水亦收流蕩愈大愈不妙局順龍真

貴亦貪水大地窄富多夭順流之凶人共知大朝之

禍人知少古法暗拱與明朝水大番身法術妙此號

退藏傳秘更避割避冲人莫曉朝拱冲割實難容禍

福機關反掌中真龍自有真水應不喜洋朝反為貴

得水真龍結真穴全憑血脈膺真胎流神不協事如

何高山真龍結真窩平洋萬水朝東去先後雨天法

最宏局法當立兼水法半由天成半人功